Peter B. Medawar

Ratschläge für einen jungen Wissenschaftler

Peter B. Medawar

Ratschläge für einen jungen Wissenschaftler

Piper
München Zürich

Aus dem Englischen von Max Werner Vogel

Die Originalausgabe erschien 1979 unter dem Titel »Advice to a Young Scientist« bei Harper & Row, New York

Für die Royal Society of London

ISBN 3-492-02867-5

Gesetzt aus der Bembo-Antiqua
Gesamtherstellung: Kösel, Kempten
Printed in Germany

Inhalt

Vorrede des Autors

Ich habe versucht, ein Buch zu schreiben, wie ich es selbst gern gelesen hätte, als ich in die Forschung eintrat – zu einer Zeit, als die meisten meiner Leser noch nicht geboren waren. Ich meine dies nicht gönnerhaft, sondern als unumwundene Anerkenntnis der Tatsache, daß die Mehrzahl der Wissenschaftler noch jung ist und daß niemand, der in der Forschung aktiv tätig ist, sich selbst alt vorkommt.

Ich bin mir auch durchaus bewußt, daß ich hiermit in die Gesellschaft von Shakespeares Polonius, des Lord

Chesterfield und von William Cobbett[1] eintrete, die sämtlich für ihren an die Jugend gerichteten Rat bekannt sind. Obwohl keiner ihrer Ratschläge sich ausdrücklich an junge Wissenschaftler wandte, gelten einige davon auch für sie. Der Rat des Polonius zeichnete sich in erster Linie durch kluge Vorsicht aus; und wiewohl man des Laertes Eile fortzukommen nachfühlen kann («Most humbly do I take my leave, my Lord – untertänigst nehm' ich meinen Weg, o Herr»), ist es ein brillanter Rat.

Chesterfields Rat betraf hauptsächlich die Umgangsformen, insonderheit die Kunst, sich beliebt zu machen. Er hat für die Kreise, in denen Wissenschaftler sich bewegen, wenig Bedeutung, und das wohl nicht zuletzt deshalb, weil er von dem großen Leviathan der englischen Literatur einen vernichtenden Schwanzschlag empfing. Laut Dr. Johnson lehrte Chesterfield die Umgangsformen eines Tanzmeisters und die Moral einer Hure.

Cobbetts Ratschlag war im weitesten Sinne moralisch, wiewohl es auch bei ihm um Umgangsformen ging. Obzwar Cobbett nicht Dr. Johnsons schreckenerregende Geistesstrenge besaß, findet sich doch in jedem Absatz aus Cobbetts Feder ebensoviel Verstand wie in irgendeinem anderen englischer Prosa. Die Augen des einen oder des anderen oder aller drei werden an geeigneter Stelle aus diesen Seiten funkeln, denn es ist kaum möglich, ein Buch mit Ratschlägen zu schreiben, ohne von diesen Männern beeinflußt zu sein.

Blickrichtung und Zweck dieses kleinen Buches

sind in der Einleitung erläutert: Es richtet sich nicht nur an Wissenschaftler, sondern an alle, die mit Forschung zu tun haben. Und es ist nicht nur für die Jüngeren bestimmt: Ohne an zusätzliche Kosten zu denken, entschlossen sich Autor und Verlag, einige Abschnitte mit Ratschlägen für ältere Wissenschaftler einzugliedern. Mir schwebte noch eine weitere Leserschaft vor: Nichtwissenschaftler, die aus irgendeinem Grunde neugierig sind, die Wonnen und Kümmernisse eines Wissenschaftlerdaseins zu erfahren und so auch die Motive, die Stimmungen und die Umgangsformen der Mitglieder dieses Berufs.

Jede Passage dieses Buchs, die ein Leser oder eine Leserin besonders zutreffend und erhellend findet, ist genau die für ihn oder sie geschriebene; was schon einmal gründlich verstanden wurde, wird ohnehin nicht als interessant empfunden und bleibt unvermerkt.

Ich fand mich stets in der Verlegenheit, daß unserer Sprache zweigeschlechtliche Pronomina und Possessivpronomina fehlen. Daher wird «er» zuallermeist auch für «sie» einzutreten haben und «sein» für «ihr». Kapitel 5 wird klarmachen, daß alles Gesagte ebenso auf Frauen anwendbar ist, sobald es auf Männer zutrifft.

Fast unvermeidlich steckt in diesem Buch eine persönliche «Philosophie», die um den Stellenwert von Wissenschaft und Wissenschaftler in dieser Welt kreist. Dies ist ein sehr meinungsträchtiges Buch, also wird ein weiteres Wort der Apologie nötig. Auf den britischen Inseln gaben im Krieg die Rundfunksprecher, um eine persönliche Beziehung zum Publikum herzustellen, stets ihre Namen bekannt – häufig mit folgenden Worten: «Sie hören die Neun-Uhr-Nachrichten; Ihr Sprecher ist Stuart Hibberd.» Zu Stil und Inhalt dieses Buchs sage ich nur: «Sie lesen meine Meinung; ich schreibe sie für Sie auf.» Ich verwende das Wort «Meinung», um klarzustellen, daß mein Urteil nicht je und je durch systematische soziologische Untersuchungen erhärtet ist und nicht Hypothesen zur Darstellung bringt, die der kritischen Prüfung bereits wiederholt standgehalten haben. Es handelt sich um rein persönliche Urteile, wiewohl ich doch hoffe, daß einige davon von Fachsoziologen zur regelrechten Untersuchung aufgegriffen werden.

Meine im folgenden genannten Erfahrungen rechtfertigen dies Buch. Ich war über lange Jahre Tutor in Oxford, als ein Tutor noch für die gesamte intellektuelle Erziehung seiner Schüler alleinverantwortlich war – ein für beide Seiten aufregendes Unternehmen. Ein guter Tutor lehrte sein Fach im vollen Umfang und nicht nur den Teil, den zufällig sein besonderes Interesse oder Können betraf. «Lehren» hieß natürlich nicht «Vermittlung von Tatsachenwissen» – dies blieb ein relativ nebensächlicher Aspekt –, sondern bedeutete vielmehr Anleitung zum Denken und Lesen sowie Ermutigung zum Reflektieren. Später wurde ich Leiter des Bereichs Lehre, erst an der University of Birmingham, zuletzt am University College in London. Danach wurde ich Direktor des National Institute for Medical Research, eines umfangreichen Forschungsinstituts, bevölkert von Wissenschaftlern aller Jahrgänge und jeglichen akademischen Ranges.

In solcher Umgebung beobachtete ich mit großem Interesse, was um mich vorging. Überdies war auch ich einmal jung.

Ich lege nun die Posaune beiseite und möchte meine Verpflichtung gegenüber meinem Schutzherrn, der Alfred P. Sloan Foundation (vgl. S. 191 f.), ausdrücken, die die Arbeit an diesem Buch so leicht und wie selbstverständlich in ein sonst vollbesetztes Berufsleben einzupassen ermöglichte. Es war der Wille der Foundation, nicht meiner, daß ich zum Zwecke der Warnung oder der Erläuterung auf meine persönliche Erfahrung als Wissenschaftler öfter zurückgriff, als ich aus eigenem Ansporn getan hätte.

Unter den besonderen Umständen meines Lebens wäre keinerlei schriftliche Arbeit, über welches Thema auch immer, ohne die Hilfe und Begleitung meiner Frau möglich gewesen. Zwar ist das vorliegende Buch ein Solistenstück, doch auch meine Frau hat es prüfend gelesen, denn ich vertraue längst vollkommen auf ihr Sprachgefühl und ihr literarisches Urteil.

Die der Veröffentlichung vorausgehende Arbeit am Text leistete meine Sekretärin und Assistentin, Mrs. Heys.

Ich möchte überdies einigen engen Freunden für ihre Gastlichkeit und geduldige Nachsicht zur Zeit der Niederschrift oder des Diktats besonders danken: Jean und Friedrich Deinhardt, Barbara und Oliver Poole sowie Pamela und Ian McAdam.

P. B. Medawar

I
Einleitung

In diesem Buch gebe ich eine ziemlich weitgefaßte Erläuterung zum Begriff «Naturwissenschaft», so daß er alle Untersuchungen umschreibt, die ein vermehrtes Verständnis für die uns umgebende Natur zum Ziele haben. Die Untersuchungstätigkeit heißt «Forschung», und Forschung ist mein Hauptgegenstand, obwohl sie nur einen kleinen Teil in der Vielzahl der wissenschaftlichen oder durch Wissenschaft begründeten Tätigkeiten ausmacht. Zu ihnen gehören die Verwaltung der Wissenschaft, der Wissenschaftsjournalismus (der mit der Wissenschaft an Bedeutung zunimmt) und die Lehre sowie die Überwachung und vielfach die Durchführung zahlreicher industrieller Verfahren, besonders auf den Gebieten Pharmazie, Nahrungsmittelverarbeitung und Maschinenbau wie anderer Fabrikationszweige, aber auch der Textil- und Rohstoffverarbeitung allgemein.

In einer Volkszählung der Vereinigten Staaten bezeichneten sich unlängst 493 000 Menschen als Wissenschaftler[2] – eine riesige Zahl, selbst wenn sie nach den anspruchsvolleren Klassifizierungskriterien der National Science Foundation auf 313 000 beschnitten wird. Die Zahlen für Großbritannien sind, im Verhältnis zur Gesamtbevölkerung, etwa gleich. Das Industrieministerium berichtet, im Jahre 1976 habe es in Großbritannien 307 000 qualifizierte Wissenschaftler gegeben, wovon 228 000 als «volkswirtschaftlich aktiv» bezeichnet wurden. Zehn Jahre zuvor hatten die entsprechenden Zahlen 175 000 und 42 000 gelautet. Die Zahl der Naturwissenschaftler in aller Welt muß zwischen 750 000 und 1 000 000 liegen. Die Mehrzahl davon ist noch jung, und alle haben oder hatten irgendwann einen Rat nötig.

Ich entschuldige mich nicht dafür, daß ich mich in der Hauptsache auf die Forschung konzentriere. Dies geschieht im gleichen Geist, mit dem der Autor eines Buches mit dem Titel «Ratschläge für einen jungen Schriftsteller» sich zuerst vom Thema des kreativen Schreibens in Anspruch nehmen läßt und nicht von unter- und beigeordneten Arbeiten wie Druck, Veröffentlichung oder Rezension – wie wichtig diese auch sein mögen. Obschon die naturwissenschaftliche Forschung mein Hauptthema ist, so werde ich doch stets die wissenschaftliche Untersuchung im allgemeinen im Auge behalten. Ich glaube nämlich, daß das Gesagte auch auf die Soziologie, die Anthropologie, die Archäologie und die «Verhaltenswissenschaften» generell zutrifft und nicht allein auf die Welt der Laboratorien, der Reagenzgläser und Mikroskope. Denn ich vergesse keineswegs, daß an der Spitze der Fauna jener «uns umgebenden Natur», deren vermehrtes Verstehen, wie ich sagte, unser Ziel ist, der Mensch steht.

Es ist nicht leicht, und es wird auch nicht immer notwendig sein, scharf zwischen «wirklichen» Forschern und solchen Wissenschaftlern zu unterscheiden, die die Wissenschaft augenscheinlich mit bloßer Routine betreiben. Unter der etwa halben Million Praktiker, die sich als Wissenschaftler bezeichneten, kann sich ohne weiteres ein Angestellter befunden haben, wie er von jedem größeren und gutgeführten öffentlichen Schwimmbad beschäftigt wird: der Mann, der die Wasserstoffionenkonzentration des Wassers überprüft und die Flora aus Bakterien und Pilzen im Auge behält. Fast kann ich das verächtliche Schnauben hören, mit dem sein Anspruch, als Wissenschaftler geführt zu werden, abgetan wird.

Aber halt! Wissenschaftler ist, wer wie ein Wissenschaftler handelt. Sollte der Badeaufseher intelligent und ehrgeizig sein, so könnte er sein Schulwissen aufstocken, indem er es in einer öffentlichen Bibliothek oder an der Abendschule mit ein wenig Bakteriologie oder medizinischer Mykologie auszupolstern sucht, wobei er mit Sicherheit lernt, daß jene Wärme und Feuchtigkeit, die das Schwimmbad den Menschen angenehm machen, zugleich das Wachstum der Mikroorganismen fördern. Umgekehrt greift das Chlor, welches das Bakterienwachstum niederhält, in gleichem Maße den Menschen an. Das Denken des Badeaufsehers könnte sich nun leicht dem Problem zuwenden, wie das Bakterien- und Pilzwachstum am besten niederzuhalten wäre, ohne daß seinem Arbeitgeber außerordentliche Kosten entstehen und ohne daß die Kunden fortgescheucht werden. Vielleicht experimentiert er in kleinerem Stil mit der Bewertung verschiedener Methoden der Sauberhaltung. Jedenfalls macht er Aufzeichnungen über die Beziehung zwischen Populationsdichte der Mikroorganismen und Zahl der Schwimmbadbesucher, und er experimentiert, um die Chlorkonzentration auf die an bestimmten Tagen erwartete Besucherzahl abzustimmen. Dabei arbeitet er immer als Wissenschaftler, kaum als Handlanger. Maßgebend ist die Neigung, nach Möglichkeit den Dingen auf den Grund zu gehen und gerade jene Schritte zu tun, die uns der Wahrheit näherbringen. Daher werde ich nicht immer eine Unterscheidung – und gewiß niemals eine wertende Scheidung (vgl. Kap. 6) – zwischen der «reinen» und der angewandten Wissenschaft treffen: dies ein infolge der Mißdeutung des Wortes «rein» fast hoffnungslos verworrenes Thema.

In der Wissenschaft wird der Neuling ohne Zweifel bald Wendungen wie «der *Typus* des Wissenschaftlers» lesen oder hören. An so etwas soll er nicht glauben. *Den* Wissenschaftler gibt es nicht. Die Wissenschaftler allerdings gibt es, und sie bilden eine Ansammlung von Temperamenten, die so unterschiedlich sind wie Ärzte, Rechtsanwälte, Geistliche, Staatsanwälte oder Schwimmbadaufseher untereinander. In meinem Buch *The Art of the Soluble* habe ich es so dargestellt:

> Wissenschaftler sind Menschen von sehr unterschiedlichem Temperament, die verschiedenes auf verschiedene Weise tun. Unter ihnen finden sich Sammler, Klassifizierer und Zwanghafte mit Zirkel und Lineal; viele sind von Natur Detektive oder auch Forschungsreisende; einige sind Künstler, andere Handwerker. Es gibt unter ihnen Wissenschaftler-Poeten, Wissenschaftler-Philosophen und selbst ein paar Mystiker. Welche Art Geisteshaltung oder Temperament sollten all diese Leute gemeinsam haben? Wissenschaftler *an sich* kommen gewiß sehr selten vor, und die meisten wahren Wissenschaftler hätten leicht etwas anderes werden können.

Ich erinnere mich, wie ich von den an der dramatischen Enträtselung der kristallinen Struktur der DNS[3] beteiligten Personen sagte, es sei kaum möglich, sich eine Ansammlung von Menschen auch nur vorzustellen, die sich in Abstammung, Erziehung, Lebensart, Gewohnheiten, äußerer Erscheinung, persönlichem Stil und Lebenszielen stärker voneinander unterschieden hätten als James Watson, Francis Crick, Lawrence Bragg, Rosalind Franklin und Linus Pauling.

Ich verwendete das Wort «Mystiker», um jene wenigen Wissenschaftler zu kennzeichnen, die eine perverse

Befriedigung aus dem Wissen beziehen, etwas sei unbekannt, und die dieses Unbekanntsein zum Vorwand nehmen, um aus der harten positivistischen Gefangenschaft in die Sphären rhapsodisch-ekstatischer Geistigkeit zu entfliehen; und nun muß ich, widerstrebend zwar, dem Passus «und selbst ein paar Mystiker» anfügen: ja sogar ein paar Schwindler.

Der übelste der mir in der Wissenschaft bekannten Schwindler bestahl einen Kollegen um eine Reihe Photographien sowie um etliche Abschnitte Text und verarbeitete sie zu einem Wettbewerbsaufsatz für ein College einer altrenommierten Universität. Unter den Juroren befand sich der Mann, dem das Material entwendet worden war. Ein fürchterliches Spektakel entstand. Aber zum unverdienten Glück des Angeklagten war die Körperschaft, sein Arbeitgeber, vor allem anderen bemüht, jeden öffentlichen Skandal zu vermeiden. Er wurde also in ein anderes Institut «wiedereingegliedert» und hat seither eine in Grenzen erfolgreiche Karriere als Kleinkrimineller auf annähernd seinem alten Gebiet verfolgt. Wie kann so ein Mensch mit sich leben? Mancher wundert sich. Wie kann die Seele so gräßlichem Mißbrauch standhalten?

Mit vielen meiner Kollegen finde ich das genannte Verbrechen nicht verwirrend und unerklärlich; es macht auf mich den Eindruck schlichten Verrats, dessen ein Wissenschaftler, wie zu vermuten steht, nicht weniger fähig ist als Angehörige aller anderen Berufszweige. Wirklich überraschend aber ist, daß uns hier Miesigkeit von einer Sorte entgegenschlägt, die alles, was den Beruf des Wissenschaftlers anziehend, ehrenhaft und lobenswert gestaltet, zunichte macht.

Es gibt also nicht *den* Wissenschaftler und, a fortiori, nicht den bösartigen Wissenschaftler, obzwar Erdichtungen von der Art, worin der «Chinamann» allemal den Schuft markierte, neuerdings von einer um so finstereren Spielart abgelöst worden sind, worin «der Wissenschaftler» sich recht ähnlich gebärdet. Der Schauerroman ist mit Mary Shelley und Mrs. Ann Radcliffe nicht ausgestorben. In ihren modernen Pendants nehmen die boshaften Wissenschaftler überhand («Soon ze whole vorld vill be in my power – bald habe ich die ganze Welt in meiner Gewalt!» schreit da eine Figur mit unüberhörbar mitteleuropäischem Akzent). Ich glaube, daß das passive Hinnehmen der Konventionen dieser kindischen Literaturgattung seine Ursache wenigstens teilweise in der Angst der Laien vor den Naturwissenschaftlern hat.

Ich halte es für möglich, daß das Klischee vom bösen Wissenschaftler eine Handvoll junge Leute vom Eintritt in die wissenschaftliche Laufbahn abbringt, aber die heutige Welt steht derart auf dem Kopf, daß von der Aussicht auf eine Verbrecherkarriere womöglich ebenso viele angezogen wie abgestoßen werden.

Der boshafte Wissenschaftler ist um nichts plausibler als jenes andere Klischee aus den Tagen der Erbauungsliteratur: der Mann mit dem hingebungsvollen und entschlossenen Gesichtsausdruck, der, ungeachtet seines eigenen Wohlergehens oder des materiellen Lohns, auf den Spuren der Wahrheit geistige und seelische Nahrung im Übermaß findet. Nein, *Wissenschaftler sind*

Menschen – und diese literarische Enthüllung stammt von C. P. Snow. Was immer die Motive sind, die einen Menschen auf die Laufbahn eines wissenschaftlichen Forschers bringen – er muß zudem Wissenschaftler voll und ganz sein wollen. In der Befürchtung, die Kümmernisse und Frustrationen des Wissenschaftlerdaseins könnten unterschätzt werden, mache ich vielleicht hie und da zuviel Aufhebens davon; ein Wissenschaftlerleben vermag aber auch große Befriedigung und hohen Lohn einzutragen (ich meine nicht den materiellen Lohn, den ich indes nicht ausschließe) und zudem die Genugtuung, die mitgebrachten Energien voll genutzt zu haben.

2
Wie stelle ich fest, ob wissenschaftliche Forschungsarbeit meine Bestimmung ist?

Menschen, die sich zu einem Leben für die Wissenschaft ausersehen glauben, lassen sich mitunter abschrecken und niederdrücken vom – mit Worten Francis Bacons – «Scharfsinn der Natur, von den geheimen Schlupfwinkeln der Wahrheit, der Dunkelheit der Sachverhalte, den Schwierigkeiten des Experimentierens, dem Verursachungsproblem und von der Schwäche der Unterscheidungskraft des Menschengeistes; sie bleiben entgeistert zurück, entweder ohne den Wunsch oder ohne die Hoffnung, weiter einzudringen».

Es gibt keine sichere Vorhersage, ob die Tagträume von einem der Wahrheit gewidmeten Leben den Neuling über die Enttäuschungen hinwegtragen werden, wenn er sieht, wie Experimente schiefgehen, und wenn er die abschreckende Entdeckung macht, daß seine Lieblingsideen mehr als einmal der Grundlage entbehren.

Zweimal in meinem Leben habe ich zwei aufeinanderfolgende Jahre in Überdruß und wissenschaftlicher Erfolglosigkeit verbracht, während ich Anhaltspunkte suchte, um heißgeliebte Hypothesen zu erhärten, die sich später als unhaltbar erwiesen. Dies sind harte Zeiten im Leben des Wissenschaftlers – Tage unter bleigrauem Himmel, die elendmachende Empfindungen von Bedrücktheit und Ungenügen im Gefolge haben. Gerade meine Erinnerung an diese schlimmen Zeiten erklärt den Ernst, mit dem ich jungen Wissenschaftlern rate, sie sollten mehr als einen Pfeil im Köcher tragen und willens sein, ein Nein als Antwort anzunehmen, wenn offenliegende Tatsachen es aussprechen.

Besonders wichtig ist, daß ein Neuling sich nicht von altmodischen Fehldeutungen, was ein Wissenschaftlerdasein sei, nasführen lasse. Was immer davon behauptet wurde: Es ist in Wahrheit aufregend, eher leidenschaftlich und als Beruf – in Arbeitsstunden ausgedrückt – sehr anspruchsvoll und manchmal alle Kraft erschöpfend. Wahrscheinlich bringt es Härten für Ehegatten und Kinder, die, ohne die Kompensation, selbst von ihm besessen zu sein, mit einem Zwang Seite an Seite leben müssen (vgl. «Ein hartes Los für Ehegatten?» in Kap. 5, S. 47).

Ein Neuling muß das durchstehen, bis er herausgefunden hat, ob die ihm aus dem Wissenschaftlerdasein zufließenden Belohnungen und Entschädigungen alle Enttäuschung und Plackerei aufwiegen. Wenn aber der Wissenschaftler erst einmal die Belebung, die ihm aus einer Entdeckung zufließt, und jene Befriedigung gekostet hat, die aus der Durchführung eines wirklich trickreichen Experiments erwächst; wenn er erst die tiefere und umfassendere Empfindung erlebt hat, die Freud das «ozeanische Gefühl» nannte – und das heißt: den Lohn für jeden wirklichen Erkenntnisfortschritt –, dann hängt er an der Angel, und nichts anderes wird ihm genügen.

Motive

Wie überhaupt verhält es sich mit den Motiven, Wissenschaftler zu werden? Dies ist ein Thema, worüber eigentlich die Psychologen eine Erklärung abgeben sollten. Die Liebe zum peinlich genauen Detail gehört, wie Lou Andreas Salome sagte, zu den äußeren Zeichen der – naja – «Analerotik», doch Wissenschaftler sind im allgemeinen nicht zimperlich, und sie müssen es glücklicherweise zumeist nicht sein. Die Alltagsweisheit ließ stets Neugier die Hauptquelle wissenschaftlicher Arbeit sein. Doch dies erschien mir als Begründung immer unpassend: «Neugier» ist ein Wort aus der Kinderstube. «An Neugier starb die Katze», lautet ein Spruch der alten Ammen, wiewohl doch die gleiche Neugier eine Medizin für die Katze gefunden haben könnte, die umgekehrt ihr Totenbett bereitet haben soll.

Die fähigsten der mir bekannten Wissenschaftler besitzen etwas, wofür die Wendung «Forscherdrang» keine übertriebene Beschreibung darstellt. Immanuel Kant sprach von «rastlosem Bemühen», um an die Wahrheit der Sachverhalte heranzukommen – so allerdings im Kontext des nicht gänzlich überzeugenden Arguments, die Natur würde unserer Brust kaum einen derartigen Ehrgeiz eingepflanzt haben, wenn es ihr unmöglich wäre, ihn zu befriedigen. Immer geht mit einem Mangel an Verstehen ein durchdringendes Gefühl von körperlichem Unbehagen und von Unzufriedenheit einher. Dem Laien widerfährt nichts anderes; wie sonst können wir die Erleichterung erklären, die er empfindet, wenn er erfährt, irgendein sonderbares und störendes Phänomen sei neuerdings erklärbar. Es kann nicht die Erklärung selbst sein, die ihn zum Aufatmen bringt, denn allzu leicht ist sie zu speziell, um in weiteren Kreisen verstanden zu werden. Nicht der Wissensinhalt bringt die Befriedigung, sondern die Gewißheit, daß etwas erkennend durchdrungen wurde.

Die Schriften von Francis Bacon und von Johann Amos Comenius – die im Verein mit anderen die moderne Wissenschaft philosophisch begründeten und auf deren Aussagen ich oft zurückgreifen werde – sind durchflutet von Bildern des Lichts. Womöglich ist das rastlose Unbehagen, von dem ich spreche, das Erwachsenenpendant für jene Kinderangst vor dem Dunkel, die, wie Bacon sagte, nur zerstreut werden kann, indem in der Natur ein Licht entzündet wird.

Oft werde ich gefragt: «Was haben Sie getan, um Wissenschaftler zu werden?» Doch ich kann mich nicht weit genug aus mir selbst entfernen, um eine wirklich befriedigende Antwort zu geben; vermag ich mich doch nicht genau zu erinnern, ob ich je glaubte, es gebe eine noch aufregendere Berufsmöglichkeit als die Wissenschaft. Gewiß war ich von den Schriften von Jules Verne und H. G. Wells angeregt und eingestimmt und ebenso von den nicht immer erstklassigen Lexika, die einem Glückspilz von Kind in den Weg kommen, das unaufhörlich liest und stets in Bücher vertieft ist. Auch populärwissenschaftliche Werke waren hilfreich: preiswerte Taschenbücher über Sterne, Atome, die Erde, die Ozeane und derlei. Auch litt ich buchstäblich an Angst vor der Dunkelheit – und wenn ich im vorangehenden Absatz richtig vermutete, könnte auch dies beigetragen haben.

Ist mein Kopf gut genug?

Eine der Befürchtungen, die die Neulinge – und aufgrund eines nicht nachdrücklich genug ausgeräumten Vorurteils unserer Gesellschaft wohl besonders die Frauen unter ihnen – verfolgen könnte, entsteht aus

Selbstunterschätzung: ob ihr Verstand für die Wissenschaft genüge. Diese Furcht könnten sie sich leicht ersparen, denn es bedarf keines übertriebenen Gehirnaufwandes, um in der Wissenschaft voranzukommen. Antipathie oder gar gänzliche Indifferenz gegenüber dem geistigen Leben und Unduldsamkeit vor dem abstrakten Gedanken dürfen allerdings als Kontraindikationen gelten. Doch nichts in der experimentellen Wissenschaft fordert großartige Heldentaten im logischen Vernunftschluß oder eine übernatürliche Gabe im Deduzieren. Ohne gesunden Menschenverstand kommt jedoch niemand aus, und der Aspirant tut sich leichter, wenn er etliche jener altmodischen Tugenden sein eigen nennt, die auf unerklärliche Weise in Verruf geraten sind; ich meine Fleiß, Sorgfalt, Zielstrebigkeit, Konzentrationsfähigkeit, Ausdauer und Standfestigkeit gegenüber Widrigkeiten – etwa solcherart, daß man nach langwierigen und beschwerlichen Untersuchungen herausfindet, eine pfleglich umhegte Hypothese sei im großen und ganzen ein Irrtum.

Ein Intelligenztest. Um ausführlich Maß zu nehmen, schiebe ich hier einen Intelligenztest ein, der zwischen gesundem Menschenverstand und jenen schwindelerregenden höheren Verstandestaten unterscheidet, deren, wie es heißt, Wissenschaftler fähig sind oder bedürfen: Manchem Auge erscheinen die Gestalten (zumal der Heiligen) auf El Grecos Gemälden unnatürlich groß und schmal. Ein Ophthalmologe, der nicht genannt werden soll, mutmaßte, sie wären so gezeichnet, weil El Greco ein Augenleiden hatte, das ihn die Menschen so *sehen* ließ; und wie er sie sah, so habe er sie auch gemalt.

Kann eine solche Auslegung zutreffen? Immer, wenn ich diese Frage – mitunter einer recht großen Hörerschaft – stellte, fügte ich an: «Jeder, der *sofort* sieht, daß diese Erklärung unsinnig ist, und zwar unsinnig nach logischen, weniger nach ästhetischen Maßstäben, ist ohne Zweifel intelligent. Andererseits muß wohl jeder, der ihre Unsinnigkeit, selbst wenn sie ihm auseinandergelegt wurde, nicht einsieht, eher dumm sein.» Solche Aufklärung hat epistemologischen Charakter, das heißt, sie liegt im Bereich der Erkenntnistheorie.

Angenommen, das Augenleiden eines Malers bestünde in Diplopie, und so etwas gibt es; er sähe also alles doppelt. Nach der Erklärung des Ophthalmologen müßte ein damit behafteter Maler seine Gestalten doppelt malen; wenn er es aber täte, würde er dann nicht bei Inspektion seines Werks alle Gestalten vierfach sehen und argwöhnen, irgend etwas stimme da nicht? Solange ein Augenleiden zur Debatte steht, können nur solche Gestalten dem Maler natürlich (und das ist: repräsentativ) erscheinen, die es auch für uns sind, sogar dann, wenn wir selber ein Augenleiden hätten; wenn Gestalten El Grecos unnatürlich groß und schmal erscheinen, dann zufolge einer Absicht des Meisters, nicht anders.

Ich möchte die Bedeutung, die ein geübter Verstand in der Wissenschaft haben kann, nicht herunterspielen, aber lieber bewerte ich diesen Punkt zu gering, als ihn dermaßen überzubetonen, daß die Rekruten davongescheucht würden. Die verschiedenen Zweige der Wissenschaften fordern jedenfalls verschiedene Fähigkeiten; und da ich mich über den Gedanken, es gebe *den* Wissenschaftler, bereits lustig gemacht habe, darf ich nun nicht von «Wissenschaft» sprechen, als handelte es sich um eine einzige Art Tätigkeit. Das Sammeln und Einordnen von Käfern erfordert ganz andere Fähigkeiten, Talente und Anreize – ich sage nicht: tieferstehende –, als in der theoretischen Physik oder in der statistischen Epidemiologie am Werke sind. Gewiß wertet die Hackordnung der Wissenschaft – ausgetragen als hochkomplizierte Geistelei – die theoretische Physik höher als die Taxonomie der Käfer, weil die Ordnung der Natur, so denkt man wohl, beim Sammeln und Klassifizieren von Käfern jede größere Geschicklichkeit in Denken und Urteilen überflüssig macht: Gibt es nicht immer schon ein Kästchen, das auf seinen Käfer wartet?

Jede solche Annahme ist jedoch nichts als induktive Mythologie. Ein in der Taxonomie erfahrener Wissenschaftler oder ein Paläobiologe wird dem Anfänger versichern, daß gute taxonomische Arbeit viel Überlegung, beträchtliche Urteilskraft und Spürsinn für die Verschiedenheiten unter Wesensverwandtem erfordert, die uns erst mit der unter persönlichem Einsatz erworbenen Erfahrung zukommen.

Jedenfalls halten sich die Wissenschaftler oft genug nicht für die brillantesten Köpfe, und wenigstens eine Handvoll erklärt sich offen für einigermaßen beschränkt. Dies ist allerdings eine durchsichtige Ziererei – oder verleitet ein unsicheres Erkennen der Wahrheit, derart nach einem Schulterklopfen auszuschauen?

Bestimmt sind recht viele Naturwissenschaftler nicht, was man Intellektuelle nennt. Ich selbst traf nirgends einen Bildungsphilister – es sei denn in ganz besonderem Sinn: wenn einer nämlich vom Urteil der literarischen und ästhetischen Kritiker so ergriffen war, daß er sie ernster nahm, als sie es verdienten.

Eine Volksweisheit lautet: Weil so viele experimentelle Wissenschaftszweige handwerkliches Geschick erfordern, zeige eine Vorliebe oder Fertigkeit im Umgang mit Baukästen und mechanischem Spielzeug eine besondere Eignung für die experimentellen Wissenschaften an. Der Geschmack am Experimentieren im Baconschen Stil (vgl. Kap. 9) wird ebensooft für bedeutsam gehalten – etwa ein beständiger innerer Drang, herauszufinden, was geschieht, wenn ein Gemenge von etlichen Gewichtsteilen Schwefel, Salpeter und fein geriebener Holzkohle angezündet wird. Wir vermögen nicht zu sagen, ob die durchschlagende Ausführung des Versuchs eine erfolgreiche Forscherkarriere wahrheitsträchtig voraussagt, denn nur jene werden Wissenschaftler, die nichts davon herausfinden. Ein Mittel zu ersinnen, das die genannten weitverbreiteten Meinungen schußfest absichert, ist Aufgabe der Wissenschaftssoziologie. Nach meinem Gefühl muß kein Neuling wegen Ungeschicktheit oder wegen der Unfähigkeit, Radios und Fahrräder zu reparieren, der Wissenschaft abspenstig gemacht werden. Solches Können ist nicht angeboren; es ist erlernbar wie eine Fingerfertigkeit. Ein mit einer wissenschaftlichen Karriere ganz sicher unvereinbarer Charakterzug ist es jedoch, die Arbeit mit den Händen als unwürdig oder tiefstehend anzusehen oder zu glauben, daß ein Wissenschaftler erst dann erfolgreich Karriere gemacht hat, wenn er Reagenzgläser und Kulturschalen beiseite räumt, den Bunsenbrenner löscht und sich in Frack und Krawatte an den Schreibtisch setzt. Eine andere Haltung, die zur Wissenschaft untauglich macht, besteht in der Erwartung, Experimentalforschung wäre zu leisten, indem man Anweisungen an mindere Sterbliche ausgibt, die sodann hin und her huschen, um den Geboten des Meisters nachzukommen. Das Hinderliche an dieser Haltung ist, nicht einzusehen, daß das Experimentieren ebenso eine Form des Denkens wie dessen praktischer Ausdruck ist.

Der Entschluß aufzugeben. Der Anfänger, der sich an der Forschung versucht und findet, sie gebe ihm nichts oder langweile ihn gar, sollte die Wissenschaften ohne jeden Anflug von Selbstvorwurf und ohne das Gefühl, in die Wüste zu gehen, verlassen.

Das sagt sich so leicht. In Wirklichkeit sind die dem Wissenschaftler abverlangten Qualifikationen so speziell und werden erst nach so langer Zeit erworben, daß sich am Ende niemand mehr als für irgendeinen anderen Beruf vorbereitet betrachten kann. Dies liegt im besonderen an der gegenwärtig falschen britischen Bildungsstruktur und trifft nicht gleichermaßen auf die Vereinigten Staaten zu, wo die Erfahrung in *allgemeiner* Universitätsausbildung so viel umfangreicher ist als bei uns[4].

Jemand, der sich aus der Wissenschaft zurückzieht, mag dies sein Leben lang bedauern, kann sich aber auch befreit fühlen. Wenn letzteres, so tat er vermutlich recht; aber jede Empfindung des Bedauerns wäre gut begründet, denn schon etliche Wissenschaftler teilten mir mit der Miene vergnügten Staunens mit, wie überaus angenehm es sei, daß sie für eine Arbeit, die so fesselnd ist und so großes Vergnügen bereitet wie die Forschung, überdies – und womöglich sogar angemessen – bezahlt werden.

3
Was ist mein Forschungsgebiet?

Altmodische Wissenschaftler würden sagen: Jeder, der sich so zu fragen gezwungen sieht, habe sein Fach verfehlt. Diese Haltung kommt allerdings aus einer Zeit, als man noch annahm, daß ein soeben graduierter Wissenschaftler gerüstet sein müßte, sofort mit der Forschung anzufangen. Das verhält sich heutzutage, da eine Anlernzeit fast unverletzliche Regel ist, ganz anders. Heute schließt sich ein hoffnungsfroher junger Graduierter einem älteren Wissenschaftler an und hofft, dessen Handwerk zu erlernen und mit dem Magister oder dem Doktor in Philosophie[5] belohnt zu werden, der dann zugleich als Ausweis dienen soll. (Der Ph. D. oder der britische D. Phil. – *doctor philosophiae* – ist ein Paß für fast alle akademischen Institute der Welt.) Trotzdem sollte sich niemand die Wahl seines akademischen Schutzherrn zu leicht machen noch überhaupt leichtfertig entscheiden, was er tun will, sobald er sein Abschlußexamen bestanden hat.

Ich selbst machte Anstalten, den Dr. phil. in Oxford zu erwerben; ich wurde im Hinblick darauf examiniert und dementsprechend zugelassen, die (in jenen Tagen) recht hohe Summe einzuzahlen, die zur Registrierung als Dr. phil. und zum Empfang der Doktorwürde erforderlich war; doch ich entschloß mich, dies bleiben zu lassen. Das beweist, daß das Leben auch ohne Doktorwürde weitergeht (deren Erwerb in meinen Tagen in Oxford ohnehin nicht als sonderlich elegant galt – J. Z. Young, mein eigener Tutor, hatte keinen Doktor, und doch haben ihm viele akademische Würdenträger Respekt gezollt).

Der leichteste Weg, zu einem wissenschaftlichen Betreuer zu kommen, ist, sich an die Person zu wenden, deren man am ehesten habhaft werden kann: an den Leiter oder ein anderes führendes Mitglied des Prüfungsausschusses, die vielleicht nach Schülern oder nach einer Hilfskraft Ausschau halten. Eine solche Wahl hat den Vorzug, daß der fertige Student weder seine Meinungen noch seine Wohnung, noch seine Freunde aufgeben muß. Die weise Konvention indes runzelt da die Stirn und hat etwas dagegen, daß junge Graduierte am selben Seminar weitermachen: Lippen werden geschürzt, Sünden akademischer Inzucht fromm vorgetragen, und jedem Graduierten, der dazubleiben erwägt, werden Wertvorstellungen eindringlich vor Augen geführt, die sich in Niveau und Originalität von jenem «Reisen erweitert den Horizont» kaum unterscheiden.

Solche Beschwörungsformeln soll niemand als zwingend ansehen. Nicht selten entsteht gerade durch Inzucht eine große Forscherschule. Wenn der Graduierte die Arbeit seiner Abteilung versteht und auf sie stolz ist, kann es für ihn das beste sein, sich Menschen anzuschließen, die ihren Weg genau kennen. Wenn die Arbeit eines Seminars in einem Studenten Enthusiasmus, Bewunderung oder Respekt geweckt hat, dann sollte er sich ihm nach dem Examen ganz gewiß anschließen. Lediglich nach einer gerade offenen Stelle zu greifen, ohne Rücksicht auf die anstehende Arbeit, bringt nichts Gutes.

Mit absoluter Gewißheit kann für jeden Wissenschaftler jeglichen Alters behauptet werden, daß, *wer bedeutende Entdeckungen machen will, bedeutende Probleme untersuchen muß*. Langweilige oder unsinnige Probleme führen zu langweiligen oder unsinnigen Antworten. Daß ein Problem «interessant» ist, genügt nicht; fast jedes Problem ist interessant, wenn es hinreichend tief untersucht wird.

Als Beispiel für eine Forschung, die die Arbeit nicht wert ist, erfand Lord Zuckerman die furchtbar zutreffende, aber nicht lächerlich weit hergeholte Geschichte eines jungen Zoologen, der sich aufmachte, herauszufinden, warum 36 Prozent der Eier von Seeigeln einen winzig kleinen schwarzen Punkt aufweisen. So etwas ist kein bedeutendes Problem; wer sich damit beschäftigt, muß Glück haben, wenn seine Arbeit überhaupt jemandes Aufmerksamkeit oder gar Interesse auf sich zieht, ausgenommen vielleicht des armen Kerls von nebenan, der herausfinden will, warum 64 Prozent der Seeigeleier *keinen* kleinen schwarzen Punkt haben. Ein solcher Student hat eine Art wissenschaftlichen Selbstmords begangen, und seine Betreuer sind aufs äußerste zu tadeln. Das Beispiel ist freilich nur ausgedacht – Lord Zuckerman weiß sehr gut, daß Seeigeleier keine Punkte haben.

Nein, das Problem muß so geartet sein, daß die Antwort darauf *Bedeutung* hat – sei es für die Wissenschaft allgemein oder für die Menschheit. Die Wissenschaftler im ganzen sind bemerkenswert einmütig darüber, was bedeutsam und was unbedeutend ist. Wenn ein Graduierter ein Seminar hält, und niemand kommt oder niemand fragt etwas, dann ist das ziemlich traurig, aber nicht so traurig wie die höfliche Frage aus dem Munde eines Vorgesetzten oder eines Kollegen, die verrät, daß er nicht im mindesten zugehört hat. Das freilich ist ein Warnzeichen, ein Schuß vor den Bug.

Isolation ist für graduierte Studenten unannehmbar, ja schädlich. Daß sie zu vermeiden sei, gilt als eines der besten Argumente, um sich einer intellektuell kribbelnden Sache anzuschließen. Sie könnte in der eigenen Abteilung zu finden sein; wenn aber nicht, dann muß der Graduierte allen Versuchen seiner Vorgesetzten widerstehen, die ihn zum Bleiben überreden wollen – dies zur von der Tatsache erzwungenen Warnung, daß es Vorgesetzte gibt, die sich nicht zu schade sind, ein von ihnen zu vergebendes Stipendium als Köder für Studenten auszulegen, die sonst nicht daran gedacht hätten, sich ihnen anzuschließen. Diese Zeit der Wegwerfausstattungen lädt allzu leicht ein, einen graduierten Studenten im gleichen Geiste zu behandeln: als Wegwerfkollegen.

Sobald die Graduierten ihren Doktortitel haben, dürfen sie *auf keinen Fall* die Arbeit, die sie dahin geführt hat, für den Rest ihres Lebens fortsetzen, wie verführerisch es auch sein mag, offene Enden mühelos einzubinden und anziehende Seitenwege aufzunehmen. Zahlreiche erfolggekrönte Wissenschaftler versuchten sich an vielerlei unterschiedlichen Themen, ehe sie mit ihren Untersuchungen auf eine Hauptspur einschwenkten. Doch ein solches Privileg genießt ein Graduierter nur unter einem sehr verständnisvollen Betreuer, sofern er nicht schon von vornherein für eine Sonderaufgabe abgestellt wurde. Wenn ja, dann muß er dort seine Pflicht tun.

Weil der neue Doktor in vielem immer noch ein Anfänger ist, hat sich im modernen Wissenschaftsbetrieb eine Wanderbewegung entwickelt, die so schnell um sich greift wie die seinerzeit modische (und im Oxford meiner Tage mißbilligte) Übung, überhaupt den Doktor zu machen. Ich meine die neuen «Wanderdoktoren». Erst die Forschungsarbeit und der Besuch von Tagungen verleihen dem Graduierten gewöhnlich jene Urteilskraft, über die er viel lieber schon vor dem Einstieg in seine Graduiertenarbeit verfügt hätte. Wenn alles vorbei ist, weiß er endlich sehr viel mehr darüber, wo die wirklich aufregende und bedeutende Arbeit stattfindet – vorzugsweise in geistesverwandter Umgebung. Der einen oder anderen solchen Gruppe werden sich die energischsten unter den Promovierten anzuschließen suchen. Die älteren Wissenschaftler heißen sie willkommen, denn da sie aus eigenem Antrieb erschienen sind, werden sie wahrscheinlich zu guten Kollegen. Die Promovierten ihrerseits finden Eingang in ein neues kleines Reich der Forschung.

Was immer man von der Doktorandentretmühle halten mag – die neue Promoviertenrevolution ist eine uneingeschränkt gute Sache, und es steht sehr zu hoffen, daß die Betreuer und die Wohltäter der Wissenschaft ihr nicht zu erlahmen erlauben.

Bei der Suche nach Forschungsthemen und -gebieten muß der junge Wissenschaftler sich vor der folgenden Mode in acht nehmen: Es ist eines, in eine große konzertierte Gedankenbewegung, etwa die Molekulargenetik oder Zellimmunologie, einzutreten, aber es ist ein ganz anderes, lediglich in einer vorherrschenden Modebewegung mitzutrotten, in Gang gesetzt etwa von einem neuen histochemischen Verfahren oder sonst einem technischen Dreh.

4
Welches geistige Rüstzeug muß ich erwerben, um Wissenschaftler – oder ein besonders guter Wissenschaftler – zu werden?

Die große Zahl und Vielfalt der Techniken und der Hilfsdisziplinen in der Forschung schüchtern den Neuling leicht so sehr ein, daß er seine Forschungsarbeit vertagt, um erst einmal mit dem «Erwerb des Rüstzeugs» fortzufahren. Da man nicht im voraus wissen kann, wohin ein Forschungsunternehmen führt und welche Techniken es in seinem Fortgang erheischt, hat der «Erwerb persönlichen Rüstzeugs» kein vorausbestimmbares Ende und stellt schon an sich eine psychologisch ungute Strategie dar. Wir sollten immer viel mehr wissen und verstehen und viel mehr Arbeitsgänge beherrschen, als es unserem jeweiligen Stand entspricht. Der größte Ansporn, eine neue Technik oder Hilfsdisziplin zu erlernen, ist, daß man sie dringend braucht. Daher erlernt die Mehrzahl der Wissenschaftler (darunter bestimmt auch ich) keinerlei neue Technik oder Disziplin, ehe etwas dazu zwingt; denn dann wird sie recht bald beherrscht. Daß dieser Zwang fehlt, läßt jene, die ständig «sich rüsten» und die eine unheilvolle Tendenz zu «Abendkursabonnenten» macht, oft matt und mutlos werden, all ihren Diplomen und Leistungszeugnissen zum Trotz.

Lesen. Ganz ähnliche Überlegungen gelten für die Neigung von Neulingen, Wochen oder Monate mit der «Verarbeitung der Literatur» zuzubringen. Zu viel Bücherwissen kann die Einbildungskraft durch Kritik zerstören und abschnüren, und das endlose Brüten über der Forschung anderer ist psychologisch allzuoft nur der Ersatz für eigene Forschungsarbeit, fast ebenso, wie mitunter das Lesen von Liebesromanen an die Stelle eines wirklichen Liebeslebens tritt. Die Wissenschaftler vertreten hinsichtlich «der Literatur» sehr verschiedene Standpunkte. Manche lesen überaus wenig und verlassen sich mehr auf Informationen von Mund zu Mund, auf zirkulierende «Vorabdrucke» und auf den Trommelklang, der die Fortschritte der Wissenschaft jenen zuträgt, die darauf aus sind: Solcherart Nachrichtendienst genießen allerdings nur Privilegierte, solche, die schon genügend weit vorangekommen sind, um die von der anderen Seite erwünschten Erwiderungen zu bieten. Der Anfänger *muß* lesen, dies aber ebenso gerichtet wie wählerisch und nicht zuviel. Es gibt kaum einen traurigeren Anblick als den vom jungen Forscher, den man nur immer in der Bibliothek über Büchern hocken sieht. Der bei weitem beste Weg, um in der Forschung Tüchtiges zu leisten, ist, damit anzufangen – und wenn es denn sein muß, indem man so beharrlich um Hilfe fragt, daß es dem Kollegen auf die Dauer bequemer erscheint, dem Neuling beizustehen, als sich Entschuldigungen auszudenken.

Es ist psychologisch höchst wichtig, *zu Ergebnissen zu gelangen*, selbst wenn sie nicht originell sind. Ergebnisse, wenn auch nur aus der Wiederholung der Arbeit anderer, bringen einen großen Zuwachs an Selbstvertrauen mit sich; endlich fühlt sich der junge Wissenschaftler dazugehörig, er kann auf Seminaren und wissenschaftlichen Tagungen einwerfen: «Bei meinem eigenen Experiment...» oder «Bei mir kam genau dasselbe heraus» oder «Ich möchte eher sagen, daß für diesen besonderen Zweck das Medium 94 entschieden besser geeignet ist als das Medium 93», und er kann sich wieder hinsetzen, zitternd zwar, aber innerlich frohlockend.

Mit dem Zuwachs an Erfahrung erreicht der Wissenschaftler eine Stufe, von der er auf seine eigenen Anfänge in der Wissenschaft zurückblicken und sich wundern kann, woher er die Kühnheit nahm, sich darauf einzulassen, wenn er bedenkt, wie gänzlich unwissend und unausgerüstet er doch war. Mag das so gewesen sein; glücklicherweise aber muß in seiner Gemütslage ausreichend Lebensmut vorhanden gewesen sein, um ihn zu bestärken, er würde wohl nicht versagen, wo so viele andere, ihm nicht unähnliche, zu Erfolg gekommen waren – und ebenso ausreichend Realitätsrapport, um einzusehen, daß das Rüstzeug der anderen auch niemals bis ins letzte vollständig sein würde, daß es immer Lücken und Unzulänglichkeiten in ihrem Wissen geben würde und daß sie, um etwas zu taugen, ihr Leben lang lernen müßten. Ich kenne keinen Wissenschaftler, gleich welchen Alters, der nicht über die Gelegenheit, immerfort zu lernen, innerlich frohlockte.

Apparate. Altmodisch denkende Wissenschaftler bestehen manchmal auf dem erzieherischen Wert, der darin liegen soll, die Apparate selber herzustellen. Wenn es sich lediglich darum handelt, Teile zusammenzusetzen, ist es ganz recht, aber Oszillographen? – Nein. Die meisten modernen Apparate sind viel zu hoch entwickelt und zu komplex, um Do-it-yourself-Methoden zuzulassen. Nur unter der ganz speziellen Voraussetzung, daß die nötige Ausrüstung auf dem Markt noch nicht erhältlich ist, wird eine Selbstherstellung sinnvoll. Entwurf und Bau von Apparaten ist einer unter anderen wissenschaftlichen Berufen: Der Neuling sollte sich mit *einer* wissenschaftlichen Karriere zufriedengeben und nicht in zwei auf einmal einsteigen. Er sollte überhaupt keine Zeit dazu haben.

Lord Norwich repariert das elektrische Licht.
Es schlug ihn tot, und ganz berechtigt:
Es ist des reichen Mannes Pflicht,
Daß er den Handwerksmann beschäftigt.

Es braucht nicht Lord Norwich gewesen zu sein; hier aber *war* es Hilaire Belloc. Wissenschaftler sind natürlich nicht reich, aber die Schale dessen, was ihnen bewilligt wird, wiegt gewöhnlich so schwer, daß sie die nötige Ausrüstung kaufen können.

Die Kunst des Lösbaren. In den Fußtapfen Bismarcks und Cavours, die die Kunst der Politik als die «Kunst des Möglichen» beschrieben, habe ich die Kunst des Forschens als «The Art of the Soluble – die Kunst des Lösbaren»[6] bezeichnet.

Manche haben dies beinahe gewaltsam mißverstanden, als redete ich der Untersuchung leichter Probleme, die rasche Lösungen zulassen, das Wort – während meine Kritiker über Problemen saßen, deren Hauptanziehungskraft (für sie) in ihrer Unlösbarkeit bestand. Ich meinte natürlich, die Kunst des Forschens sei es, ein Problem lösbar zu machen, indem man Wege zu ihm öffnet: weiche Stellen und ähnliches. Häufig ergibt sich eine Lösung, sobald man eine Möglichkeit ersinnt, um Phänomene oder Zustände zu quantifizieren, die ehedem mit Ausdrücken wie «eher mehr», «eher weniger», auch «eine Menge von» oder mit – dies ist das belastbarste Arbeitspferd der wissenschaftlichen Literatur – «merklich» («Die Injektion verursachte eine merkliche Reaktion») bewertet waren. Quantifizierungen haben nur dann Wert, wenn sie Probleme lösen helfen. Zu quantifizieren heißt noch nicht Wissenschaftler sein, aber, Himmel, es hilft.

Meine eigene Karriere als ernstzunehmender Wissenschaftler in der Medizin begann mit dem Entwurf eines Instruments zur Messung der Intensität der Reaktion, die eine Maus oder ein Mensch gegen ein Gewebetransplantat einer anderen Maus oder eines anderen Menschen aufbringt.

5
Sexismus und Rassismus in der Wissenschaft

Frauen im Wissenschaftsbetrieb

Überall in der Welt stehen Zehntausende von Frauen in wissenschaftlicher Forschungsarbeit oder in wissenschaftlichen Berufen – in Tätigkeiten, die sie ebenso gut oder ebenso schlecht ausüben wie die Männer, und zwar aus ebendenselben Gründen: Die Tatkräftigen, die Intelligenten, die «Hingebungsvollen» und die hart Arbeitenden kommen voran; die Trägen, die Ideenlosen oder geistig Stumpfen bleiben auf der Strecke.

In Kapitel 11, das dem Wesen wissenschaftlichen Vorgehens gewidmet ist, werden der «Intuition» und der Einsicht Bedeutung zugesprochen. Wir könnten also aufgrund der sexistischen Illusion, wonach Frauen besonders intuitiv veranlagt wären, zu vermuten versucht sein, sie müßten besonders gute Wissenschaftler abgeben. Diese Ansicht ist unter Frauen nicht sonderlich weit verbreitet, und ich halte es überhaupt für unwahrscheinlich, daß sie zutrifft, weil die oben angesprochene «Intuition» (mit der Frauen besonders gut ausgerüstet sein sollen) eine spezielle Empfänglichkeit in Sachen zwischenmenschlicher Beziehungen einbegreift und nicht so sehr die phantasiereiche Mutmaßung, die in der Wissenschaft den schöpferischen Akt ausmacht. Der Beruf des Wissenschaftlers hat für intelligente Frauen, sogar wenn sie nicht *überaus* tüchtig sind, besondere Anziehungskraft; schon im eigenen Interesse behandeln die Universitäten und die großen Forschungsinstitute Frauen längst mit den Männern gleich. Überdies entsteht diese Gleichbehandlung aus der Gleichheit wissenschaftlichen Verdienstes, nicht aus gewaltsamem und vielleicht zögerlichem Einlenken in die neuerdings verabschiedeten gesetzlichen Verpflichtungen, wonach Arbeitgeber aufgefordert sind, Frauen zu behandeln, als wären sie Menschen.

«Wissenschaftlerin zu sein macht Spaß», sagte mir eine von ihnen, «man muß nämlich nicht konkurrieren.» Nein, sie *muß* wohl nicht, aber, weiß Gott, sie tut's, und sie ist um kein Haar weniger bange, daß ihr gerechte Anerkennung widerfahre, als der Mann hinter der nächsten Tür, und auch geradeso besessen und in ihre Arbeit versunken. Es *macht* Spaß, Wissenschaftler zu sein, so viel ist sicher, doch niemand hat Grund zu glauben, dieser Umstand unterscheide Frauen von Männern.

Junge Frauen, die in einen wissenschaftlichen Beruf eintreten und vielleicht Kinder haben wollen, sollten die Bestimmungen ihres zukünftigen Arbeitgebers über Mutterschaftsurlaub, über Lohnfortzahlung usw. prüfen[7]. Auch sollten sie wissen, ob ein Kinderhort vorhanden ist.

Junge Frauen, die ihre Wahl einer wissenschaftlichen Karriere gegen die ängstlichen und warnenden Einwände des Elternhauses und gar gegen altmodische Lehrer zu verteidigen streben, sollten sich hüten, Madame Curie als Beispiel dafür anzuführen, daß Frauen in der Wissenschaft sehr gut etwas werden können. Ihre Verallgemeinerung einzelner Fälle wird niemanden überzeugen, daß gerade sie die natürliche Eignung zur Wissenschaft besäßen – nicht Madame Curie, sondern die Zehntausende von Frauen, die wissenschaftliche Ziele mit Gewinn und oft mit Freude verfolgen, sollten vorgezeigt werden.

Obwohl ich Leiter von mehreren Laboratorien war, in denen Frauen arbeiteten, vermochte ich doch nie irgendeinen charakteristischen Stil in ihrer wissenschaftlichen Arbeit zu erkennen. Auch wüßte ich keinen Weg, wie ein solches Charakteristikum aufzuzeigen wäre.

Daß eine wachsende Zahl von Frauen in akademische Berufe eintritt, ist zu begrüßen – nicht so sehr, weil ihnen auf diese Weise ein einträglicher Arbeitsplatz oder die Gelegenheit gegeben wird, ihre Möglichkeiten voll auszuschöpfen, sondern vor allem, weil die Welt von heute anerkanntermaßen so kompliziert ist und sich so schnell verändert, daß sie nicht einmal am Laufen zu halten wäre (von Erleichterungen, die wir wissenschaftlichen Verbesserer für möglich halten, nicht zu reden) ohne die Einbeziehung der Intelligenz und des Könnens von etwa 50 Prozent der menschlichen Art.

Ein hartes Los für Ehegatten? Aus meiner Zeit als Direktor des Instituts für Zoologie am University College zu London (1951-62), der ältesten und größten Universität in der Vereinigung, aus der die «London University» besteht, habe ich unter anderen eine Szene höchst lebendig in Erinnerung: die Kaffeestunde des Lehr- und Forschungskörpers am Weihnachtsmorgen.

Was in aller Welt wollten sie da am Weihnachtstag? Ein oder zwei waren einfach einsam und waren erschienen, um die besondere Kameradschaft von Reisenden auf demselben Wege (der sich immer nur aufwärts windet) zu genießen. Andere kamen, um ein Auge auf laufende Experimente zu werfen und um nebenher den Mäusen das Weihnachtsmahl zu verabreichen – der Radau, den zehntausend Mäuse beim Maisflockenessen erzeugen, klingt denen, die Mäuse gern haben und ihnen alles Gute wünschen, wohltuend ins Ohr. Aber den meisten Männern jener kleinen Zusammenkunft war gemeinsam, daß sie Väter junger Familien waren. Am häuslichen Herd vollbrachten also ihre Frauen das tägliche Wunder junger Mutterschaft: von Kindern umgeben, die doppelt soviel scheinen, wie sie wirklich zählen, natürliche Instinkte zu befriedigen, zu besänftigen, zu unterdrücken und die besten davon ans Licht zu bringen.

Männer oder Frauen, die aufs Ganze gehen und Wissenschaftler heiraten, sollten sich, statt dies später auf hartem Wege lernen zu müssen, im voraus klar bewußt sein, daß sich ihre Ehegatten in den Klauen einer mächtigen, besitzergreifenden Idee befinden, die außerhalb des eigenen Heimes und wahrscheinlich sogar dort den ersten Platz in ihrem Leben einnehmen wird. Da wird keiner viel mit den Kindern am Boden spielen können, und die Frau eines Wissenschaftlers wird sich, ganz gegen sonstige Verhältnisse, ebensooft als Mann wie als Frau des Hauses vorkommen, wenn es um elektrische Sicherungen, den Kundendienst am Auto oder um Urlaubsvorbereitungen geht. Umgekehrt darf der Ehegatte einer Wissenschaftlerin nicht erwarten, daß ihm Gigot de poulette cuit à la vapeur de Marjolaine aufgetragen wird, wenn er, wahrscheinlich weniger ausgelaugt als sie, von der Arbeit kommt.

Das Eheleute-Team. Es gibt Institutionen, die es sich zur Regel machen, Eheleute nicht an derselben Abteilung anzustellen, um so die Bildung verehelichter Forschungsgespanne unmöglich zu machen. Die Regel ist vermutlich von ordnungsbesessenen Verwaltungsangestellten erfunden worden, um Favoritentum und die Möglichkeit zu unzureichend «objektiven» Urteilen über Forschungsarbeiten zu unterlaufen. Oft wird die Regel für weise gehalten, weil wir uns vermöge eines Tricks des selektiven Gedächtnisses, auf das ich mich an anderer Stelle berufe, leichter an Eheleute-Teams erinnern, die auseinanderliefen, als an solche, die gut zurechtkamen. Hier liegt ein Forschungsfeld für einen kompetenten Wissenschaftssoziologen brach, und ehe es bestellt ist, kann es hinsichtlich der Erfolgsaussichten von Eheleute-Forschungsteams lediglich bei Vermutungen bleiben.

Ich glaube schwerlich, daß für die erfolgreiche Zusammenarbeit (siehe Kap. 6) an Eheleute etwa geringere Ansprüche zu stellen wären als an zufällig zustande gekommene Gruppen.

Ich vermute, es ist für die wirksame Zusammenarbeit erforderlich, daß die Eheleute im vollen Sinne des Erwachsenseins einander zugetan seien, daß sie von Anfang an mit derselben Güte und jenem beiderseitigen Verständnis zusammenarbeiten, die glückliche Paare mitunter erst nach vielen Ehejahren erreichen.

Die Konkurrenz zwischen Mann und Frau ist besonders zerstörerisch; und obwohl ich einmal dachte, der Unterschied des Verdiensts in einem Forschungsteam aus Eheleuten könne nicht allzu groß sein, bin ich darin jetzt nicht mehr so sicher. Alles kann gutgehen, wenn sich ein Konkurrenzgebaren von selbst als erfolgsbeeinträchtigend erweist.

Ein wichtiger Punkt der guten Form ist indessen, daß die Partner eines Eheteams niemals öffentlich eine Zuweisung des Verdienstes am Ergebnis gemeinsamer Forschungsarbeit vornehmen. Wenn der eine Partner alle Ehre dem anderen zuschiebt, ist dieser Versuch nicht weniger beleidigend, als wenn er sie ganz für sich selbst beansprucht.

Wenn ich (in Kap. 6) daran erinnere, daß Teamkollegen unangenehme Gewohnheiten haben können, die

die Zusammenarbeit mehr zur Strafe als zur Freude machen, so gilt das gleichermaßen für Ehepaare, allerdings mit dem unseligen Unterschied, daß die herkömmliche Offenheit im Austausch zwischen Mann und Frau an die Stelle der guten Sitte tritt, die verbietet, daß man einem Kollegen sagt, wie abstoßend er sei. Gute Umgangsformen sind der Zusammenarbeit ebenso zuträglich wie Großmut. Dies ein Grundsatz, der für Ehepaare kaum weniger gilt als für sonstige Teams.

Chauvinismus und Rassismus im weiteren

Der Gedanke, Frauen unterschieden sich von Männern konstitutionell in ihrer Wissenschaftsfähigkeit, und die daran geknüpften Erwartungen stellen eine bequeme, domestizierte Form des Rassismus dar: des verbreiteten Glaubens, es gebe hinsichtlich der Wissenschaftstüchtigkeit oder -fähigkeit angeborene Konstitutionsunterschiede.

Der Chauvinismus. Jede Nation glaubt gern, sie hätte etwas, das sie besonders wissenschaftstauglich mache. Daraus erwächst ein erhebenderer Nationalstolz als aus dem Besitz einer nationalen Fluggesellschaft oder eines eigenen Atomarsenals oder gar aus Fußballsiegen. «La chimie, c'est une science française», sagte ein Zeitgenosse Lavoisiers, und ich erinnere mich noch heute der

Entrüstung des Schuljungen, der ich einmal war, über einen so vermessenen Anspruch. Er hätte mit viel größerem Recht für die deutsche Chemie der großen Zeit von Emil Fischer (1852–1919) und Fritz Haber (1868 bis 1934) erhoben werden können, als junge britische und amerikanische Chemiker scharenweise nach Deutschland strömten, um sich in die fortgeschrittene Biochemie einweihen zu lassen und einen der damals aufgekommenen Doktorgrade zu erwerben[8].

Viele Amerikaner halten es für ausgemacht, ihre Wissenschaft sei die beste. Mit Enthusiasmus zeigen sie dafür mitunter Beweise einer Sorte vor, die jeder gelernte Soziologe aus dem Stand widerlegen könnte. «Das ist ja das Kreuz mit den Japanern», hörte ich in der Bar eines Stadtrandtennisclubs, der von jungen leitenden Angestellten aus der Geschäftswelt bevölkert war, «daß sie immer nur anderer Leute Arbeit imitieren können; eigene Ideen haben sie nicht.» Ich frage mich, ob der Besitzer jener lauten und selbstsicheren Stimme – dieselbe Stimme übrigens hört man zu anderer Zeit verkünden, hohe Geschwindigkeiten bei Autos, weit entfernt, eine Unfallursache zu sein, trügen in Wirklichkeit zur Sicherheit bei – heute bemerkt, daß die Japaner aufs unerschöpflichste sinnreich und erfinderisch sind. Das Aufblühen der japanischen Wissenschaft und der wissenschaftlich fundierten Industrie nach dem Kriege hat zu Wissenschaft und Technik in aller Welt bereits Großes beigesteuert.

Ich kenne keine Nation im Rennen, die nicht ihre Zahl höchst fähiger Wissenschaftler hervorgebracht und, im Verhältnis zu ihrer Größe, das Ihre zur Wissenschaft der Welt beigetragen hätte. Regionale Unterschiede sind aus methodologischen Gründen höchst unwahrscheinlich, und kein erfahrener Wissenschaftler glaubt an sie. Die Sprache der Wissenschaft teilt sich nicht in nationale Dialekte. Niemand hört nach einem wissenschaftlichen Vortrag je sagen: «Natürlich stand wieder die Hälfte seiner Dias auf dem Kopf, aber so ist es eben mit den Serbokroaten.»

In den großen nationalen Forschungsinstituten – dem Institut Pasteur in Paris, dem National Institute for Medical Research in London, dem Max-Planck-Institut in Freiburg, dem Institut für Zellularpathologie in Brüssel und in der Rockefeller University in New York – spielt die Nationalität der Mitarbeiter eine geringe Rolle und wird selten erwähnt. Das zahlenmäßige Übergewicht der Amerikaner wie ihre hochherzige Großzügigkeit bei der finanziellen Ausstattung der Wissenschaft in aller Welt und bei der Organisation von Tagungen haben es mit sich gebracht, daß gebrochenes Englisch zur internationalen Wissenschaftssprache geworden ist. Auf internationalen Kongressen unterscheiden sich die Nationen nicht durch den Forschungsstil, sondern durch die Weise, wie sie wissenschaftliche Arbeiten vortragen. Die gedämpfte Monotonie, mit der der amerikanische Redestil am ehesten zu kennzeichnen ist, kontrastiert auf amüsante Weise zu dem Auf und Ab, das die Amerikaner am englischen Vortrag so belustigt – und die Engländer am schwedischen.

Intelligenz und Nationalität. Ich glaube an den Intelligenzbegriff[9], und ich glaube ebenso, daß es erbliche

Unterschiede in den intellektuellen Fähigkeiten gibt, aber ich glaube nicht, daß Intelligenz eine einfache, linear meßbare Begabung darstellt, die mit einer einzigen Zahl auszudrücken wäre – etwa dem Intelligenzquotienten oder etwas Ähnlichem[10]. Psychologen mit anderer Meinung verstrickten sich in derart unsinnige Erklärungen, daß es schwerfällt zu glauben, sie hätten sie nicht absichtlich aufgestellt, um ihr Thema in Verruf zu bringen.

Die Anwendung von «Intelligenztests» auf Rekruten der US-Streitkräfte des Ersten Weltkriegs und vordem auf Anwärter zur Einwanderung in die Vereinigten Staaten am Eingangstor Ellis Island führte zu einer riesigen Anhäufung von im wesentlichen unglaubwürdigen zahlenmäßigen Informationen. Ihre Analyse führte die Intelligenzpsychologen in Extreme der Narretei, deren folgende wohl niemals überboten wird: Die Untersuchung der Intelligenz bei Einwanderungsanwärtern ließ Henry Goddard zu dem Schluß kommen, 83 Prozent der Juden und 80 Prozent der Ungarn wären schwachsinnig[11].

Diese Einschätzung von Ungarn und Juden wird von denen als besonders anstößig empfunden werden, die, zu Recht oder Unrecht, zu der Meinung gekommen sind, daß die Juden eine spezielle Eignung zu Wissenschaft und Gelehrsamkeit mitbringen und daß wohl auch eine so illustre Versammlung von Talenten, wie Thomas Balogh, Nicholas Kaldor, George Klein, Arthur Koestler, John von Neumann, Michael Polanyi, Albert Szent-Györgyi, Leo Szilard, Edward Teller und Eugene Wigner, auf etwas Besonderes in der ungarischen Natur hindeutet.

Sind aber solche Meinungen auf ebenso anstößige Weise rassistisch wie jene, die zu Recht öffentlich geschmäht wurden? Nein, sie sind überhaupt nicht rassistisch, denn von genetischer Elite ist hier nicht die Rede. Die Ungarn sind eine politische Gruppierung, nicht eine Rasse; und obzwar die Juden viele biologische Merkmale einer Rasse zeigen, gibt es doch manch gute Gründe nichtgenetischer Natur, denen zufolge sie in der Wissenschaft, und in der Gelehrsamkeit allgemein, besonders tüchtig sein sollten: die traditionelle Hochachtung der Juden gegenüber dem Lernen; die Opfer, die jüdische Eltern ihren Kindern zu geben bereit sind, damit sie einen akademischen Beruf ergreifen können; die im Kreise der Juden geübte Hilfsbereitschaft; und die lange, traurige Geschichte der Juden, die viele von ihnen davon überzeugt hat, daß die gelehrten Berufe im Wettbewerb mit einer oftmals feindlichen Umwelt am ehesten Hoffnung auf Sicherheit und Emporkommen bieten.

Was die Starbesetzung aus ungarischen Intellektuellen betrifft (unter ihnen zufällig mancher Jude), so kann jeder Gedanke an eine genetische Erklärung durch die Überlegung sofort zerstreut werden, daß für diese besondere Weltmeisterschaft eine Mannschaft von gleicher oder gar größerer Würde in Wien und darum herum aufgestellt werden könnte: mit Hermann Bondy, Sigmund Freud, Karl von Frisch, Ernst Gombrich, Friedrich August von Hayek, Konrad Lorenz, Lise Meitner, Gustav Nossall, Max Perutz, Karl Popper, Erwin Schrödinger und Ludwig Wittgenstein.

Die Theorie der Entstehung dieser bemerkenswerten Talentekonstellationen sei dem Kulturhistoriker und dem Historiosoziologen zu Erörterung und Deutung überlassen.

Sofern, wie ich glaube, wissenschaftliches Fragen eine außerordentliche Potenzierung des gesunden Menschenverstandes darstellt, ist anzunehmen, daß das Fehlen jeglicher bedeutsamen nationalen Unterschiede in der Fähigkeit, Wissenschaft zu «machen», die Behauptung von Descartes stützt, wonach der gesunde Menschenverstand unter allen menschlichen Begabungen die am gleichmäßigsten verteilte sei.

6
Lebensart und Gepflogenheiten unter Wissenschaftlern

Ein Wissenschaftler entdeckt recht bald, daß er ein Mitglied von *denen da* geworden ist, die mit «Was für ein Unheil haben *die* schon wieder im Sinn?» oder «*Die* sagen, wir würden in fünfzig Jahren den Mond besiedeln» zitiert zu werden pflegen.

Natürlich wünscht auch der Wissenschaftler, daß man gut von ihm denkt und seine Arbeit ebenso achtet wie die anderer Berufe. Er wird indes von Anfang an die Erfahrung machen, daß die Leute, nachdem sie erfahren haben, er sei Wissenschaftler, sich auf eine von zwei Meinungen versteifen, die nicht zugleich richtig sein können: Ein Urteil nämlich, über was immer, sei schon darum entweder a) besonders gültig oder b) prinzipiell wertlos, weil es von einem Wissenschaftler kommt. Diese Ansichten sind derart eingefleischt und starr, daß wir sie mit politischen Glaubenshaltungen in eins werfen können, und wie bei diesen ist es bis ins kleinste ebenso schwierig, gegen sie zu argumentieren oder gar sie zu ändern. Nichtsdestoweniger sollte etwas unternommen werden, um solcherart Geister nicht noch weiter zu verbittern. «Daß ich ein Wissenschaftler bin, heißt noch lange nicht, daß ich in allem Experte bin», ist eine Wendung für jede Gelegenheit; und fast jedes neue Unterhaltungsthema bietet eine neue Art an, sie zu vervollständigen. Der Repräsentationsproporz, die Handschriften vom Toten Meer, Frauen als Geistliche oder die Verwaltungsprobleme der Ostprovinzen des Römischen Reichs sind passende Beispiele; wenn aber die Rede auf die Kohlenstoffdatierung kommt oder die Frage aufgeworfen wird, ob ein Perpetuum mobile konstruierbar sei, dann kann sich der Wissenschaftler ein paar Phon extra gestatten, um seiner Stimme etwas Durchdringendes zu geben.

Das harte Vorurteil, er sei kulturell ein Spießbürger, verleitet manchen Naturwissenschaftler, kulturelle Interessen und kulturelles Verständnis vorzutäuschen, die er in Wirklichkeit nicht hat; im Extremfall muß sich seine Hörerschaft gegen eine kleine Revue gebildeter Aperçus aus zweiter Hand und aus der Feder von Modekritikern wappnen oder gegen ungenau erinnerte Passagen aus den *Meditationen des Kardinals Poggi Bonsi*.

Wissenschaftler sollten stets auf der Hut sein. Humbug ist gewöhnlich leicht zu erkennen, und bei Wissenschaftlern leichter als anderwärts; denn wenn ihnen die intellektuelle oder literarische Konversation ungewohnt ist, dann stellen sie sich viel zu leicht durch unrichtig verwendete Fremdwörter bloß, die niemand korrigieren will, oder mit derart weit danebenliegenden Fehlansichten im kulturellen Bereich, daß niemand sie für diskutierwürdig hält.

Rache auf dem Gebiet der Allgemeinbildung. Ein Naturwissenschaftler, der auf dem Gebiet der Allgemeinbildung abgefertigt worden ist oder der sich in anderer Weise in Nachteil gesetzt fühlt, könnte sich durch einen säuerlichen Rückzug aus der Welt der humanistischen Bildung und der schönen Künste trösten. Die alternative Arznei für angeschlagene Seelen ist, ein Alleswisser zu werden. Fürderhin findet sich die Zuhörerschaft eingenebelt mit modischen Sprüchen über Versuchsanordnungen, Paradigmen, das Gödelsche Theorem, die Bedeutung der Chomskyschen Linguistik und das Ausmaß rosenkreuzerischer Einflüsse auf die schönen Künste. Soweit wahrlich eine bestialische Rache; aber sie schlägt die letzten Freunde, die unser Wissenschaftler noch hatte, in ungeordnete Flucht. Kein Wort trifft den Alleswisser besser als dieses: «Natürlich gibt es in Wahrheit kein x; was die Leute dafür halten, ist in Wirklichkeit y.» In diesem Zusammenhang kann x fast alles bezeichnen, woran die Menschen festhalten, etwa die Renaissance, die Romantik oder die industrielle Revolution; y stellt im allgemeinen etwas dar, wovon behauptet wird, es rühre sich zum erstenmal in der

Brust des Proletariats. Ein Alleswisser zu werden ist jedoch kein ernstes Berufsrisiko der Naturwissenschaftler; die beiden schlimmsten Alleswisser, die ich gekannt habe, waren Betriebswissenschaftler.

Zu welcher Form von Rache sich ein Naturwissenschaftler auch entschließt, ob er sein Interesse an kulturellen Dingen aufgibt oder ob er seine Mitmenschen durch Allwissenheit blendet – er sollte sich immer fragen: Wen will ich eigentlich bestrafen?

Kulturelle Barbarei und die Wissenschaftsgeschichte. Solange das Gegenteil nicht bewiesen ist, hält man Naturwissenschaftler für Analphabeten, und ihr Empfindungsvermögen gilt als roh und ungesittet. So ärgerlich es ist: Wiederholt muß der junge Wissenschaftler vor jedem Versuch gewarnt werden, eine Bildungsrevue abzuziehen, um seinen diesbezüglichen Ruf zu widerlegen. In einer Hinsicht jedenfalls ist die Anklage gut begründet: Ich denke an die vollkommene Indifferenz vieler junger Wissenschaftler gegenüber der Geistesgeschichte, sogar gegenüber den Ideen, die an der Wurzel ihrer eigenen Forschertätigkeit liegen. In *The Hope of Progress* habe ich diese Geisteshaltung zu verteidigen versucht, indem ich darauf hinwies, daß die Entwicklung der Wissenschaften von besonderer Art sei und daß die Wissenschaften ihre Kulturgeschichte in gewissem Sinn auch in sich tragen; alles, was ein Wissenschaftler tut, ist eine Funktion dessen, was andere vor ihm getan haben: Die Vergangenheit ist in jedem neuen Begriff, ja zuvor noch in der Möglichkeit dieses Begriffs anwesend.

Ein ganz ausgezeichneter französischer Historiker,

Fernand Braudel, sagte von der Geschichte: «Sie verzehrt die Gegenwart.» Ich verstehe nicht ganz, was er meint (diese tiefsinnigen französischen Epigramme, wissen Sie!). In der Wissenschaft, das steht fest, geht es andersherum: Die Gegenwart vertilgt die Vergangenheit. So viel, um die fehlgeleitete Indifferenz des Naturwissenschaftlers gegenüber der Geistesgeschichte in ein milderes Licht zu rücken.

Wäre es möglich, unser Wissen oder unseren Grad des Verstehens zu quantifizieren und in einem Diagramm gegen die Zeit abzutragen, so wäre es nicht so sehr die Höhe der Kurve über der Grundlinie als vielmehr die zwischen beiden sich ansammelnde Fläche, deren Größe den Stand der Wissenschaft zu irgendeiner Zeit am getreuesten wiedergeben würde.

Mag das sein, wie es will – Indifferenz gegenüber der Geistesgeschichte *wird* weithin als Zeichen kultureller Barbarei gedeutet. Und zu Recht, möchte ich sagen, denn jemand, den Wachstum und Fluß von Ideen nicht interessieren, den interessiert wahrscheinlich das Geistesleben an sich nicht. Ein junger Wissenschaftler, der auf einem im Fortschritt begriffenen Forschungsgebiet arbeitet, sollte immer versuchen, Ursprung und Entwicklung der gängigen Meinungen festzustellen. Obzwar nicht Eigennutz ihn motivieren sollte, wird er sich doch mit einem stärkeren Selbstgefühl wiederfinden, sobald er zu sehen vermag, welche Stelle er selbst im Rahmen des Ganzen einnimmt.

Wissenschaft und Religion. »Er besitzt die Religion eines vornehmen Herrn», beginnt der Dialog.

«Und bitte, mein Herr, was ist das?»

«Vornehme Leute diskutieren nicht über Religion.»

Ich hielt dies schon immer für ein außerordentlich unliebenswürdiges Dialogfragment, weil es den totalen Vertrauenszusammenbruch anzeigt. Wenn für «vornehme Leute» das Wort «Wissenschaftler» eingesetzt wird, wird die Geschichte zwar um nichts besser, aber sie beschreibt den Mangel an religiöser Überzeugung bei vielen Wissenschaftlern recht zutreffend.

Ein Wissenschaftler kann sich und seinen Beruf auf keine andere Weise schneller in Mißkredit bringen, als wenn er – zumal dann, wenn keinerlei Erklärung verlangt ist – rundheraus erklärt, daß die Wissenschaft die Antworten auf alle Fragen, die der Rede wert sind, bereits besitze oder bald besitzen werde und daß jene Fragen, die keine wissenschaftliche Beantwortung zulassen, auf irgendeine Art und Weise Unfragen oder «Pseudofragen» seien, die nur Einfaltspinsel stellen und nur Tölpel zu beantworten sich anmaßen.

Ich sage hier gern, daß nur wenige Naturwissenschaftler, obschon viele so denken, heute noch so dumm oder ungehobelt sind, dergleichen öffentlich von sich zu geben. Der philosophisch Gebildete weiß, daß ein «wissenschaftlicher» Angriff gegen religiöse Überzeugungen zuallermeist nicht weniger falsch ist als deren Verteidigung. Naturwissenschaftler sprechen über Religion nicht etwa von einem privilegierten Standpunkt her – es sei ihnen denn angerechnet, daß sie mit ihrer Vorliebe für den teleologischen Gottesbeweis[12] gegenüber dem Laien die bessere Chance haben, die Großartigkeit der natürlichen Weltordnung zu erkennen, gleichgültig, was sie dann daraus machen.

Ich hoffe, man denkt nicht von mir, ich wollte den Wissenschaftlern ein demutsvolles Betragen undifferenziert aufnötigen. Doch zum Wohle des Berufsstandes sollten sie sich jede Mühe geben, ihn nicht in Verruf zu bringen. Niemand glaubt noch daran, daß Wissenschaft und Gesellschaft im gemeinsamen Bemühen um eine Verbesserung der Lebensqualität Schulter an Schulter stünden. Mit Sicherheit begegnet ein Wissenschaftler irgendwann der Ansicht, daß die Ergebnisse der Wissenschaft, weit davon entfernt, dem Großteil der Menschen eine Lebensverbesserung zu bringen, im Gegenteil vieles, was dem gemeinen Mann lieb und teuer ist, zerstören; und er muß sich darauf eine passende Erwiderung ausdenken. Die Wissenschaft, so hört man etwa, hat die Kunst durch Künstlichkeit ersetzt: die Porträtkunst durch den Photoapparat, das lebendige Orchester durch verkaufsfördernde Supermarktbeschallung, natürliche Nahrung durch chemisch behandelten Ersatz und das althergebrachte Krustenbrot durch chemisch gebleichte oder sonstwie «verbesserte», entvitaminisierte, revitaminisierte, im Dampf gebackene, parallel in ein Polyäthylenleichentuch verpackte Fertigschnitten.

Diese Geschichte ist nicht neu. Sie hat allerdings mehr mit Geldgier zu tun, mit der Bequemlichkeit der Hersteller und mit unredlichen Handelsmethoden als mit Wissenschaft. Im frühen neunzehnten Jahrhundert rügte William Cobbett, im Glauben, alle arbeitenden

Menschen sollten ihr Brot selber backen, auf beißende Art einen Brotladen, dessen Angebot wir Heutigen wahrscheinlich köstlich finden würden. Er bezichtigte ihn, mit Alaun zu pfuschen, seine Ware mit Kartoffelmehl vollzupanschen und ihr nicht mehr «von der natürlichen Kraft des Korns» zu bewahren, «als sich in dem Mehl findet, das beim Sägen von Dielenbrettern entsteht».

Die moderne «Nahrungsmittelchemie» ist nicht wirklich angemessen verteidigt, wenn man sagt: Das Zeug wird hergestellt, weil die Leute es kaufen. Eine solche Rechtfertigung hat das bekannte Wirtschaftsprinzip aus dem Auge verloren, wonach das Angebot den Bedarf weckt, besonders dann, wenn das Angebot im Windschatten einer buhlerischen Reklame daherkommt, die den Eindruck erweckt, ein vorgeschnittener Brotersatz wäre in Wirklichkeit natürlicher und vom Sonnenschein über einem Kornfeld stärker durchdrungen als jenes Brot, das wir in der kleinen Bäckerei an der Ecke zu kaufen pflegten, bevor sie abgerissen wurde, um dem Supermarkt Platz zu machen. Üben wir also Gerechtigkeit: Die Wissenschaft war es, die zeigte, daß Vollkornbrot und unpolierter Reis gesünder sind als der weißpolierte Reis oder die gebleichten, entvitaminisierten, revitaminisierten ... und so weiter. Aber es hat keinen Zweck, darauf zu warten, daß die Leute ein Heilmittel gegen eine Krankheit mit Applaus begrüßen, die sie nie hätten haben müssen.

Die Naturwissenschaftler sind manchmal gekränkt, weil die breite Masse an ihrem Geschäft so wenig Interesse zeigt und von ihm kaum beeindruckt ist.

Voltaire und Samuel Johnson einigten sich auf eine Erklärung dieser wirklichen oder scheinbaren Indifferenz – und eine so unwahrscheinliche Gemeinsamkeit muß doch etwas für sich haben. Die Erklärung trifft zu; am besten also sollten die Wissenschaftler ihr beistimmen, wie sehr sie sie auch ablehnen: Die Wissenschaft besitze für die menschlichen Beziehungen keine überragende Tragweite – weder für die Beziehung der Regierenden zu den Regierten noch für die Passions de l'âme, noch gibt sie den Grund ab für Freuden oder Leiden der Menschen, und sie bestimmt auch nicht Qualität oder Stärke ästhetischen Wohlgefallens.

In seinem *Dictionnaire philosophique* sagte Voltaire, die Naturwissenschaft sei «so unwesentlich für die Lebensführung, daß die Philosophen sie entbehren können; es bedurfte mehrerer Jahrhunderte, um einen Teil der Naturgesetze in Erfahrung zu bringen, ein Tag aber genügte dem Weisen, um die Pflichten des Menschen zu erkennen».

In seinem *Life of Milton* schalt Dr. Samuel Johnson zugleich Milton und Abraham Cowley, weil sie den Gedanken an eine Akademie erwogen, worin die Schüler, neben dem üblichen Lehrstoff, auch Astronomie, Physik und Chemie erlernen sollten. Er schreibt:

Die Wahrheit ist, daß das Wissen um die äußere Natur und um die Wissenschaften, welche ebendieses Wissen erforderlich macht oder umgreift, nicht das Hauptgeschäft des menschlichen Geistes ist. Ob wir uns auf eine Handlung oder auf ein Gespräch vorbereiten, ob wir uns nützlich oder angenehm machen wollen: das erste Erfordernis ist das religiöse und moralische Wissen um Recht und Unrecht; danach folgt die Bekanntschaft mit der Geschichte der Menschheit und mit jenen Beispielen daraus, welche die Verkörperungen der Wahrheit genannt werden dürfen und die mit ihrem Ergebnis die Vernünftigkeit von Überzeugungen erweisen. Klugheit und Gerechtigkeit sind jederzeit und überall Tugenden und Auszeichnung; Moralisten sind wir unabänderlich, Geometer sind wir aber nur durch Zufall. Unser Umgang mit Verstandesdingen ist notwendig; doch unsere Spekulationen über die Materie geschehen freiwillig und zur Muße. Physikalisches Wissen tritt so selten ans Licht, daß uns jemand ein halbes Leben lang bekannt sein kann, ohne daß wir seine Fähigkeiten in Hydrostatik oder Astronomie einzuschätzen imstande wären; seine moralischen und seine Vernunfteigenschaften dagegen treten unmittelbar ans Licht.

Es gibt keinen Grund, warum diese Wahrheiten jemandes Selbstachtung oder innere Zufriedenheit – auch nicht sein inneres Frohlocken – darüber, ein Wissenschaftler zu sein, vermindern sollten. Wissenschaftler, die erfolgreich arbeiten, die tief in ihrer Forschertätigkeit stecken und sich von ihr hinreißen lassen, bedauern jene anderen durchaus, denen nicht dieselben Freuden zuteil werden; viele Künstler empfinden ebenso, und das macht sie einerseits gleichgültig gegenüber jeglicher Kundgabe der Achtung, die ihnen nach ihrer Meinung von der Öffentlichkeit gezollt werden sollte, und es ist andererseits gewiß auch eine vollgültige Kompensation für die vermißte Achtung.

Zusammenarbeit

Da fast meine gesamte wissenschaftliche Arbeit zusammen mit anderen geschah, betrachte ich mich als Autorität auf diesem Gebiet.

Die wissenschaftliche Zusammenarbeit hat überhaupt keine Ähnlichkeit mit dem Bild von Köchen, die einander mit Ellbogen vom Fleischtopf wegstoßen; ebensowenig mit dem von Künstlern, die dieselbe Leinwand bemalen, oder von Ingenieuren, die einen Plan ausarbeiten, wie ein Tunnel von zwei Seiten eines Berges ausgehend so vorzutreiben sei, daß die Vortriebe einander in der Mitte treffen und nicht etwa unabhängig voneinander an gegenüberliegenden Stellen aus dem Berg heraustreten.

Im Planungsstadium ähnelt die Zusammenarbeit ohnehin mehr einer Sitzung von Kabarettautoren; denn wiewohl jeder einzelne weiß, was allen Wissenschaftlern bekannt ist, daß nämlich ein Einfall – eine Hirnwelle – immer eine persönliche Sache ist, so weiß er doch auch, daß sich eine Atmosphäre schaffen läßt, worin jeder Teilnehmer die anderen so anregt, daß alle auf seiner Anregung aufbauen und ihre Gedanken wechselseitig weiterentwickeln. Am Ende weiß niemand mehr genau, wem was eingefallen ist. Die Hauptsache bleibt, daß etwas dabei herausgekommen ist. Ein junger Wissenschaftler, der den starken Drang empfindet, zu sagen: «Das war meine Idee, müssen Sie wissen» oder «Da Sie nun alle meine Gedanken übernommen haben...», ist nicht zur Zusammenarbeit geschaffen, und er wie auch seine Kollegen wären besser dran, wenn er für sich allein weitermachte. Die älteren Semester werden einen Anfänger immer zu einer gescheiten Idee beglückwünschen, wenn sie wirklich von ihm kam und nicht das Ergebnis jenes Synergismus – des zweckgerichteten Zusammenströmens – von Ideen aus verschiedenen Köpfen ist, das derartige Sitzungen erzeugen. *Synergismus* ist der Schlüssel zur Zusammenarbeit – in diesem Begriff klingt mit, daß die gemeinsame Leistung größer ist als die Summe der einzelnen Beiträge –, aber Gemeinschaftsarbeit ist nicht die letzte Wahrheit, auch wenn oft mit großem Pomp verkündet wird, der einzelne werde vom Team überflüssig gemacht. Zusammenarbeit ist eine Freude, wenn sie funktioniert, doch viele Wissenschaftler können, wie sich zeigt, ganz gut allein vorankommen.

Vermöge einer Handvoll Regeln, des Polonius würdig, läßt sich beurteilen, ob sich ein Wissenschaftler zur Zusammenarbeit eignet. Wenn er die Kollegen nicht sonderlich mag und sie um ihrer besonderen Gaben willen nicht schätzt, sollte er allein bleiben; Zusammenarbeit verlangt eine gewisse Großzügigkeit des Geistes, und ein junger Wissenschaftler, der in sich den Charakterzug des Neides erkennt und auf seine Kameraden eifersüchtig ist, sollte auf keinen Fall mit anderen gemeinsam zu arbeiten suchen.

Jeder Teilnehmer an einem Team sollte sich von Zeit zu Zeit vorsagen: «Wie erstaunlich es sein mag – auch ich besitze eine Reihe von Eigentümlichkeiten, angesichts deren es ans Wunderbare grenzt, daß sich überhaupt jemand mit mir verträgt: meine Langsamkeit im Kopfrechnen zum Beispiel, oder daß ich Opernarien durch meine Zahnlücke zu pfeifen pflege, und meine Gewohnheit, entscheidende Dokumente zu verlieren (wie etwa den einzigen Schlüssel zum Doppelblindversuch).»

«Meine eigenen Fehler als Kollege?» – hat hier jemand so gefragt? Ich denke, irgendwer wird schon darauf kommen. Schwerwiegend und zahlreich, ja, aber nicht in solchem Grade, daß mir die Freundschaft irgendeines, mit dem ich je zusammenarbeitete, verlorenging. Mir macht das Mittun besonderen Spaß, und es wurde mir ein Leben lang mit Gewinn vergolten, der mir aus der Zusammenarbeit mit einer Reihe ungewöhnlich fähiger und liebenswerter Kollegen zufloß.

Wenn es so weit ist, daß die Ergebnisse einer Gemeinschaftsarbeit veröffentlicht werden sollen, hofft der junge Wissenschaftler natürlich, namentlich anerkannt zu werden; aber gerade so weit vorn, wie es seine

Kollegen für gerecht halten – sie werden ihn schon nicht übers Ohr hauen. Ich bin für die alphabetische Regelung der Royal Society und habe sie gewöhnlich übernommen; denn ich glaube, daß die Zurücksetzungen und Enttäuschungen der Zygysmondis dieser Welt auf lange Sicht durch das unverdiente Glück der Aaronsons dieser Welt ausgeglichen werden.

Techniker als Kollegen. Als ich mit der Forschung begann, galt es auf Lord's Cricket Ground, dem Hauptort der Austragungen, für ausgemacht, Berufsspieler und Amateure trenne ein so tiefer kultureller und sozialer Graben, daß sie das Spielfeld durch verschiedene Eingänge zu betreten hätten, und sollten sie auch Mitglieder derselben Mannschaft sein. In Wimbledon waren die Berufsspieler erst gar nicht zugelassen. In dieser letzten Entscheidung steckt mehr Sinn, denn beim Tennis müssen die Amateure vor den Berufsspielern geschützt werden, während das Cricket, so George Orwell, sich dadurch auszeichnet, daß die Amateure sich gegen die Berufsspieler zu behaupten vermögen.

Etwas von ebendiesem Snobismus wurde zu jener Zeit mit Selbstverständlichkeit auf die Techniker übertragen, die als Labordiener zum Bringen und Schleppen angesehen wurden, die auch den Großteil der langweiligen oder mit Gestank verbundenen Arbeiten zu verrichten und getreulich den Anweisungen des Meisters zu folgen hatten, der an seinem Schreibtisch saß und große Gedanken dachte. Das alles hat sich geändert – und zwar zum Vorteil. Technikerstellen sind heute so begehrt, daß es den Arbeitgebern möglich ist, auf Einstellungskriterien zu bestehen, die der Hochschulreife entsprechen. Mit einem anerkannten Berufswerdegang und mit dem wachsenden Vertrauen in ihre Fähigkeiten sind die Techniker schließlich in der allgemeinen Anerkennung gestiegen – und dies ist ein sehr bedeutender Beitrag zur «Zufriedenheit im Beruf». In bestimmten theoretischen oder praktischen Tätigkeiten sind die Techniker zumeist tüchtiger – und sollten es ausnahmslos sein – als die «Akademiker» bzw. die Leute vom Lehrkörper. «Sie sollten es sein» – nämlich weil der Techniker in manchem spezialisierter ist als der Akademiker aus dem Direktorium, dem er zur Seite steht: Lehrverpflichtungen oder Verwaltungsaufgaben und eine Reihe anderer Pflichten zwingen ein Mitglied der wissenschaftlichen Leitung oftmals, mehr Eisen im Feuer zu haben als ein Techniker; zudem kann es sein, daß er zu viele Studenten und Graduierte beaufsichtigen muß, als daß es ihm möglich wäre, in allen von ihm verlangten Dingen ausreichend geübt zu sein.

Auch wenn eine solche Darlegung die Unentwegten schockiert, die noch immer in den Tagen leben, als der Feldverweis für Berufsspieler für billig gehalten wurde – die Techniker sind nichtsdestoweniger Kollegen in einer gemeinschaftlichen Forschung. Sie sind also über die in einem Experiment zu prüfenden Hypothesen und über die Wege, auf denen die nach allseitiger Übereinkunft eingeleiteten Verfahren «zum Stand der Kunst beitragen» (Bacon) könnten, voll im Bild zu halten.

Techniker, die mit Verstand in ihrem Beruf vorangekommen sind, lernen bald, wie sie junge Wissenschaftler handzahm machen können, die trotz ihrer papierenen Zeugnisse und *cum laudes* noch eine Menge über wissenschaftliche Forschung zu lernen haben – und vor allem die Lektion, auch Techniker seien als Mitarbeiter zu behandeln. Ihrerseits (s.u. den Abschnitt über «Die Wahrheit») müssen die Techniker jeder Neigung trotzen, ihren Vorgesetzten – so wie vielleicht Mendels Gärtner – jene Ergebnisse zu melden, die sie am liebsten hören würden. Bleibt zu hoffen, daß die beiderseitigen Beziehungen nicht so gespannt sind, daß es dem Techniker Spaß macht, Zuträger unwillkommener Nachrichten zu sein.

Zusammenarbeit kann zu lebenslanger Freundschaft oder Feindschaft führen. Zur Freundschaft gewiß dann, wenn die Partner – im groben Jargon meines Labors – großmüpfig sind. Dann allerdings macht die Zusammenarbeit Freude; wenn aber nicht, so muß sie mit dem geringstmöglichen Aufenthalt zu Ende gebracht werden.

Verpflichtungen nach Moral und Verpflichtungen nach Vereinbarung

Gewöhnlich ist ein Wissenschaftler an seinen Arbeitgeber durch Vertrag gebunden, und er ist allezeit im besonderen und bedingungslos der Wahrheit verpflichtet.

Nichts vermag die Verpflichtung eines Wissenschaftlers gegenüber den staatlichen Geheimhaltungsvorschriften und gegenüber seinem Arbeitgeber abzuschwächen, wonach er Fabrikationsverfahren nicht traulich an bärtige Fremde hinter dunklen Sonnengläsern ausplaudern soll. Desgleichen gibt es nichts, das einen Wissenschaftler gegenüber dem Anklopfen seines Gewissens taub machen oder zur Taubheit nötigen sollte.

Vertragliche Verpflichtungen einerseits und das Rechte tun zu wollen andererseits, das kann wahrhaft quälende Probleme ergeben, mit denen sich manch ein Wissenschaftler herumzuschlagen hat. Die Stunde, sich herumzuschlagen, hat geläutet, *bevor* ein moralisches Dilemma entsteht. Wenn ein Wissenschaftler Grund zur Annahme hat, daß ein Forschungsvorhaben unumgänglich auf die Entdeckung eines noch widerlicheren und geschwinderen Garaus für die Menschheit zuläuft, dann darf er da nicht einsteigen – außer er befürwortet einen solchen Verlauf. Es ist kaum möglich, daß einer seinen Abscheu vor solcherart Ehrgeiz erst erkennt, wenn er den Topf zum erstenmal umrührt. Ist er erst in ein moralisch fragwürdiges Forschungsvorhaben eingestiegen und schlägt sich dann, in öffentlicher Entrüstung, an die Brust, so klingt es hohl und gar nicht überzeugend.

Jedem einigermaßen erfinderischen und mit Einbildungskraft begabten Wissenschaftler unterlaufen mit großer Wahrscheinlichkeit Fehler bei der Erklärung von Erscheinungen. Irgendwann, heißt das, vertritt er einen falschen Gesichtspunkt oder bringt er eine Hypothese vor, die der Kritik nicht standhält. Wenn nicht mehr geschieht, bleibt der Schaden gering und bereitet niemandem schlaflose Nächte. Dies gehört sozusagen zum Wissenschaftsbetrieb, und es ist nicht sonderlich ernst zu nehmen; denn wo einer das Verkehrte vermutet, kann der nächste das Richtige treffen. Wenn dagegen der Fehler eine Erscheinung oder Tatsache selbst betrifft – wenn unser Wissenschaftler aussagt, das Lackmuspapier sei rot geworden, wo es in Wahrheit blau wurde –, dann ist das allerdings Anlaß genug zu Schlaflosigkeit und zu den grausam quälenden, immer gegen Morgen auftretenden Vorstellungen, in denen man seine Glaubwürdigkeit verloren hat. Denn ein Fehler wie dieser kann es einem anderen überaus schwer oder gar unmöglich machen, die Ergebnisse unseres Wissenschaftlers recht zu deuten, das heißt, eine Hypothese zu finden, in der sie unterzubringen sind.

Mir ist eine überaus unglückliche Zeit noch lebhaft in Erinnerung, in der ich glaubte, ich hätte einen wirklich groben, die Tatsachen entstellenden Schnitzer begangen und zu Druck gegeben, nämlich es gebe in der Haut weißer Meerschweinchen Zellen, die, das Pigment selbst ausgenommen, den pigmenterzeugenden Zellen der farbigen Tiere entsprächen. Ich erinnere mich auch noch meiner Dankbarkeit gegenüber einem jüngeren Kollegen, der der Sache noch einmal sorgfältig nachging und meiner Seele Frieden gab. Diese beruhigende Tat war einer mikroanatomischen Technik zu verdanken, nach der ein Gewebe vierundzwanzig Stunden lang einer bestimmten Behandlung zu unterziehen war. Ich hatte ihn zu Abkürzungswegen und Zeitersparnis angetrieben; er aber hatte bei der Marine gedient, und deren Disziplin hieß ihn am Buchstaben der Vorschrift festhalten. Wir warteten die vierundzwanzig Stunden ab; ich entwarf in dieser Zeit in miserabler Stimmung Widerrufe für *Nature*. Der Wissenschaftler, der solche schlimmen Zeiten nie kennenlernt, hat beneidenswertes Glück.

Ich habe die Darstellung natürlich vereinfacht. Ihr liegt die Annahme zugrunde – der alle Wissenschaftler zuneigen –, es gebe einen klaren und ohne Schwierigkeiten erkennbaren Unterschied zwischen Tatsache und Theorie, zwischen von den Sinnen vermittelter Information und der Konstruktion, die darauf aufbaut. Kein moderner Psychologe würde diesen Standpunkt einnehmen, und so auch William Whewell nicht. Er legte dar, daß sogar die scheinbar einfachste Sinneswahrnehmung hinsichtlich ihrer Interpretation von einem kognitiven Akt abhängt: «Über dem gesamten Angesicht der Natur liegt eine Maske aus Theorie.»[13]

Fehler. Wenn trotz peinlichster Vorsichtsmaßnahmen einem Wissenschaftler Fehler im Tatsachenbereich unterlaufen – sei es, daß die Ergebnisse einer Unreinheit in einem vermeintlich reinen Enzympräparat zu verdanken waren, sei es, daß Mäuse aus einer Mischlingszucht irrtümlich anstelle eines Inzuchtstammes verwendet wurden –, dann ist der Irrtum auf dem schnellsten Wege einzugestehen. Die Menschennatur ist so beschaffen, daß ein Wissenschaftler nach einer solchen Erklärung sogar an Ruf gewinnt und nicht das Gesicht verloren hat – außer vielleicht im Spiegel seines Badezimmers.

Das wichtigste ist, daß man nicht versucht, einen Schnitzer hinter einem umfangreichen Rauchvorhang zu verbergen. Ich kannte einmal einen fähigen Wissenschaftler, der behauptete, daß gefriergetrocknete Krebszellen noch immer einen Tumor hervorzubringen vermöchten. Die Behauptung war falsch, denn das Gewebe, von dem er dachte, es wäre trocken, enthielt – obzwar es trocken aussah (und wir hatten das Wort des Autors, daß er es hatte im Raum umherblasen können) – noch immer etwa 25 Prozent Feuchtigkeit. Anstatt zu widerrufen, machte der arme Kerl seine weitere Forscherkarriere mit dem Anspruch, sein eigentliches Untersuchungsgebiet sei die Biophysik der Zellunterkühlung selbst und nicht die Zelleigenschaften, die das Verfahren überleben, ziemlich kaputt. Hätte er den Fehler zugegeben und an etwas anderem weitergearbeitet, hätte er einen verdienstvollen Beitrag zur Wissenschaft leisten können.

Obschon eine falsche Hypothese entschuldbar ist, weil sie zur rechten Zeit von einer annehmbaren ersetzt wird, vermag sie dem, der an ihr festhält, großen Schaden zu tun, denn Wissenschaftler, die sich in ihre Hypothesen regelrecht verlieben, sind dementsprechend unwillig, ein Nein als Antwort aus einem Experiment zu akzeptieren. Manchmal vollführen sie, anstatt ihre Hypothese einem Experimentum crucis zu unterziehen (*il cimento*, s. Kap. 9), um sie herum einen Eiertanz, indem sie nur nebensächliche Implikationen prüfen oder Seitenäste verfolgen, die für die betreffende Hypothese lediglich indirekte Bedeutung haben; und sie setzen sie nie wirklich dem Risiko aus, widerlegt zu werden. Ich war Zeuge genau dieses Vorgangs in einem russischen Laboratorium, dessen Existenz von der Wirksamkeit eines Serums abhing, das nach Überzeugung der meisten Nichtrussen die behaupteten Eigenschaften einfach nicht besaß.

Ich kann keinem Wissenschaftler, gleich welchen Alters, einen besseren Rat als diesen geben: Die Intensität einer Überzeugung, eine Hypothese sei wahr, hat nichts mit ihrer Wahrheit oder Falschheit zu tun. Die Stärke unserer Überzeugung hat nur die Bedeutung, uns einen entsprechend starken Anreiz zu geben, herauszufinden, ob die Hypothese einer kritischen Untersuchung standhält.

Dichter und Musiker könnten leicht glauben, dieser düster warnende Rat sei das Charakteristikum jener ungeistigen Tatsachensuche, aus der die wissenschaftliche Untersuchungstätigkeit in ihren Augen besteht. Für sie, so vermute ich, besitzt nur, was im Aufleuchten der Inspiration geschieht, besondere Authentizität. Ich vermute weiter, daß sie nur da eintritt, wo Talent an Genialität grenzt.

Ein Wissenschaftler, der sich gewohnheitsmäßig selbst betrügt, ist auf gutem Wege, auch andere zu betrügen. Polonius sah dies klar voraus («This above all – to thine own self be true ... – Dies zumal – sei deinem innern Selbst getreu ...»[1]).

Der Lebensstil

Einerseits zwar glaube ich fest daran, daß die Kreativität im Bereich der wissenschaftlichen Ideen mit der Kreativität von Dichtern, Malern und ihresgleichen verwandt ist. Aber andererseits unterscheiden sich die vielerlei herkömmlichen Lehren oder der mancherlei romantische Unsinn, wie sie sich um die Bedingungen der einen oder anderen Form von Kreativität ranken, auf mehrfache Weise.

Zur Kreativität bedürfen die Wissenschaftler der Bibliotheken und Laboratorien sowie der Gesellschaft anderer Wissenschaftler. Gewiß ist auch eine geruhsame und ungestörte Lebensführung hilfreich. Jedenfalls wird die Arbeit eines Wissenschaftlers durch Entbehrung, Angst, Kummer oder emotionale Turbulenz weder tiefgründiger noch konziser. Gewiß darf das Privatleben eines Wissenschaftlers auf wunderliche und sogar auf komische Weise buntgewürfelt sein; aber keinesfalls darf derlei irgendeinen tiefergehenden Einfluß auf Art und Qualität seiner Arbeit haben. Würde sich ein Wissenschaftler ein Ohr abschneiden, so würde dies niemand als Beweis dafür deuten, er sei einem unseligen Seitenhieb seiner Kreativität erlegen. Ebensowenig wird einem Wissenschaftler irgendeine Bizarrerie vergeben, sie mag so extravagant sein, wie sie will, nur weil er ein Wissenschaftler ist, sei der so brillant, wie er will. Ronald Clarke beschrieb in seiner Biographie über J. B. S. Haldane[14], wie dessen außereheliche Unregelmäßigkeit die Aufmerksamkeit der Sex Viri auf sich zog, seinerzeit eine Art Buffosextett, das über die Moral von Cambridge wachte und, mit Amoralität als Begründung, Haldane die Hörerschaft (für England gleichzusetzen mit der sonstigen außerordentlichen Professur) abspenstig zu machen suchte. Die Begleitszenen der Scheidung, welche Charlotte Burghes Haldanes erste Frau zu werden erlaubte, lesen sich wahrhaftig wie das Libretto zu einer Operette.

Sein Ruhebedürfnis läßt den Wissenschaftler oder jeden anderen in der Forschung Tätigen rundheraus tödlich langweilig erscheinen und unterscheidet ihn auf bedauernswerte Weise vom Stereotyp des schöpferischen Künstlers der romantischen Dichtung des neunzehnten Jahrhunderts – la vie de Bohème und derlei mehr.

In der Sicherheit ihres Wissens, daß die Forschung ihr Leben mit fesselnder Tätigkeit und intellektueller Leidenschaftlichkeit bereichert, lassen sich die Wissenschaftler nicht durch William Blakes «Aufschwung zur Herrlichkeit der Inspiration und Hinter-sich-Lassen der rationalen Argumentation» aus dem Konzept bringen, obzwar sie sich darüber wundern; und ihnen stehen Bacon, Locke und Newton zur Seite.

Das Stereotyp «der Wissenschaftler», der unbeteiligt Fakten sammelt und sie verrechnet, ist nicht weniger eine Karikatur als das vom Poeten, der arm zu sein hat, schmutzig, zerzaust, vielleicht tuberkulös sowie hin und wieder vom dichterischen Wahnsinn umfangen.

Die Urheberschaft

Dieselben, die nicht nachlassen, die Wissenschaftler zu diskreditieren, zumal in der Meinung (der die Betroffenen selbst ferne stehen), die Wissenschaftler suchten die Wahrheit kühl, hochmütig und leidenschaftslos, lenken die Aufmerksamkeit gern auf deren Besorgtheiten um Urheberschaftsdinge – die Sorge, daß die Arbeit oder die Ideen, die ein Wissenschaftler für seine eigenen hält, ihm angerechnet werden sollten und niemand sonst.

Manchmal wird diese Besorgtheit für etwas Neues gehalten – für die natürliche Folge der Nötigung, der ein heutiger Wissenschaftler unterliegt, sich in einer Welt der Massen und des Wettbewerbs zu behaupten –, aber sie ist in Wahrheit *nicht* neu. Die Forschungsarbeit von Dr. Robert K. Merton[15] und seiner Schule hat zur Gänze klargestellt, daß der wissenschaftliche Prioritätenstreit, und zwar von mitunter besonders giftiger und unversöhnlicher Art, so alt ist wie die Wissenschaft selber. Er ergibt sich ganz natürlich aus der Tatsache, daß, wenn mehrere Wissenschaftler demselben Problem auf der Spur sind, auch mehr als einer auf eine Lösung treffen kann – oder auf *die* Lösung, wenn es nur eine gibt.

Sobald es eine *einzige* Lösung gibt – wie zum Beispiel bei der kristallinen Struktur der DNS –, ist der Druck besonders stark. Ich argwöhne, Künstler denken ein wenig verächtlich über die Besorgtheit des Wissenschaftlers um seine Anerkennung; aber ihre Lage ist in keiner Weise vergleichbar. Wenn mehr als ein einziger Dichter oder Musiker aufgefordert wäre, eine vaterländische Ode zu verfassen oder eine festliche Fanfare zu komponieren, dann würde der betreffende Urheber rasen, stellte man seine Ode oder Fanfare als Werk eines anderen vor. Aber die ihnen gestellten Probleme haben eben keinen einzigartigen Lösungsweg; daß in ihren jeweiligen Huldigungen zwei Dichter auf dieselben Worte oder zwei Komponisten auf dieselbe Notenfolge kommen, ist statistisch unvorstellbar. Und – wie ich bei anderer Gelegenheit darlegte – jene zwanzig Jahre, die Wagner mit der Komposition der ersten drei Opern des *Ring* zubrachte, waren nicht von der Furcht überschattet, daß sich ein anderer vor ihm mit der *Götterdämmerung* daherdrängeln könnte.

Immer wenn der Besitzerstolz zum wesentlichen Gesichtspunkt wird – zumal wenn der fragliche Besitz eine Idee ist –, bemerken die meisten Menschen in sich ein starkes Gefühl für das Eigentumsrecht. Der untersuchungsfreudige Journalist mit seiner besonderen Geschichte oder Einsicht, der Philosoph oder Historiker mit seiner die verwirrten Geister klärenden Art, die Dinge anzusehen, der Verwaltungsbeamte, der genau auf die Gelegenheit oder die Gelder oder jenen Verantwortlichen stößt, die eine heikle oder verwickelte Situation beheben: jeder fühlt, daß, wenn es schon seine Idee war, dies anerkannt werden sollte. Ich glaube, die Urheberschaftsangst läßt sich auf allen Lebenswegen finden. Manchmal, so bei Autodesignern oder Hautecouturiers, geht es ums tägliche Brot, aber zuweilen handelt es sich nur um aggressive Arroganz. Lord Montgomery, der Feldmarschall von El Alamein, soll in seinem Hunger nach persönlicher Anerkennung geradezu raubgierig gewesen sein, auch dann, wenn er sie überhaupt nicht verdient hatte.

In der Wissenschaft werden Urheberschaftsprobleme besonders hitzig ausgetragen, weil wissenschaftliches Ideengut irgendwann zu öffentlichem Besitz wird, so daß die einzige Art Eigentumsrecht, dessen sich ein Wissenschaftler erfreuen kann, in seiner Priorität liegt, die Idee als *erster* gehabt, eine Lösung oder *die* Lösung vor allen anderen gefunden zu haben. Ich sehe im Besitzerstolz nichts Verkehrtes, obwohl im wissenschaftlichen wie in jedem anderen Zusammenhang die Besitzgier, die Filzigkeit, die Heimlichtuerei und die Selbstsucht jede mögliche Verachtung verdienen. Eine überlegene Haltung gegenüber dem Besitzerstolz eines Wissenschaftlers verrät freilich einen traurigen Mangel an menschlicher Verständnisbereitschaft.

Gewiß, die Heimlichtuerei verunstaltet den Wissenschaftler, aber sie hat auch ihre komische Seite. Einer der zugleich liebenswertesten und spaßigsten Züge des jungen Forschers ist seine Einbildung, alle Welt wäre eiligst erpicht, gerade seine Untersuchung abzuschließen, bevor er selbst es kann. In Wirklichkeit wollen seine Kollegen ihre eigene Forschungsarbeit tun, nicht seine. Der Wissenschaftler, der zu verschlossen oder argwöhnisch ist, um seinen Kollegen irgend etwas mitzuteilen, findet bald heraus, daß umgekehrt er nichts erfährt. G. F. Kettering, der wohlbekannte Erfinder (Antiklopf-Benzinzusätze) und Mitbegründer von General Motors, soll bemerkt haben, daß jeder, der seine Tür zumacht, mehr von sich fernhält, als er hinausläßt. Die anerkannte Hausregel einer kleinen Gruppe eng zusammenarbeitender Kollegen, deren Mitglied ich immer war, blieb stets: «Sag allen alles, was du weißt.» Und mir ist niemand bekannt, der durch seine Zustimmung dazu Schaden erlitten hätte. Diese Regel ist gut, weil die Arbeit eines Wissenschaftlers ebenso unwiderstehlich interessant wie bedeutsam ist, so daß er dem Kollegen einen großen Genuß vermittelt, wenn er ihm alles darüber berichtet. Aber dieser Wissenschaftler muß Fairneß bewahren: Wenn er seinen Kollegen alles über seine Arbeit mitteilt, so muß er seinerseits bereit sein, sich umgekehrt von deren Bericht hinreißen zu lassen. Unter allen kleinen Episoden der Comédie humaine, denen man in einem Forschungslaboratorium beizuwohnen hoffen kann, ist keine unterhaltsamer als die, da ein junger Wissenschaftler (wohlan, mit glänzendem Aug' – und Bart im Gesicht, doch ebensowohl auch nicht) einem Kollegen (und womöglich gar deren drei) im Korridor Halt bedeutet und seine ganze Geschichte, vom Anfang zum Ende, vorzutragen versucht.

Urheberschaftsdiskussionen landen, nachdem sie hochfliegend etliche abwartende Platzrunden gedreht haben, gewöhnlich bei einem Gespräch über James D. Watson und *The Double Helix*, eine Veröffentlichung, worin wir den Prioritätshunger in seiner schärfsten Form erblicken. In *The Hope of Progress* habe ich Watson aus genau denselben Gründen verteidigt, die mich veranlaßten, gegenüber dem Wunsch nach Anerkennung eine entschuldigende Haltung einzunehmen. Ehe die Literaten ein Urteil über Watson abgeben, sollten sie darüber nachdenken, daß einem Schriftsteller gern jegliches Verhalten verziehen wird, es sei so abscheulich oder bizarr, wie es will, wenn nur sein Werk ihn als echtes Genie ausweist. Jim Watson war in der Tat ein äußerst gescheiter junger Mann, und ich zögere nicht, zu sagen, daß *The Double Helix* ein Klassiker ist. Es ist daher eher bedauerlich als verurteilenswert, daß der junge Watson sich auf zahllose Weise – besonders aber indem er Verdienste anzuerkennen unterließ, wo dies am Platze war – als bei weitem nicht so groß erwies, wie es der wirklich großartigen Entdeckung, bei der seine Rolle recht bedeutend war, entsprochen hätte.

Wissenschaftskarrierismus. Diese Wortbildung folgt Stephen Potter: «Scientmanship is one-upmanship in a scientific context – Wissenschaftskarrierismus ist das Strebertum der Wissenschaft.» Was den Begriff «scientman» betrifft, so zitiert ihn Onions in seinem etymologischen Wörterbuch[16] als eine Lösung des Problems, wie mit einem Wort ein Mann der Wissenschaft zu beschreiben sei. Nicht vor 1840 prägte Whewell das Wort «scientist – Wissenschaftler». Whewell war bei weitem der größte Namengeber auf dem Gebiete der Wissenschaft. Eine Veröffentlichung der Royal Society überliefert die Korrespondenz zwischen Whewell und Michael Faraday über die Namen, die den beiden Polen der Elektrolytzelle zu geben wären. Faraday kam mit «voltaode» und «galvanode», mit «dexiode» und «skiaode», «eastode» und «westode», «zincode» und «platinode» daher. Um Whewells «My dear Sir... I am disposed to recommend ... *anode* and *cathode* – Mein lieber Herr... ich möchte Anode und Kathode vorschlagen» schwebt eine überzeugende Atmosphäre der Endgültigkeit. Bei Anode und Kathode ist es dann geblieben.

Der Wissenschaftskarrierismus umfaßt die in der Hoffnung, das eigene wissenschaftliche Ansehen zu vergrößern oder andere im Ruf herabzusetzen, angewendeten nichtwissenschaftlichen Methoden. Die Praktiken des Wissenschaftskarrierismus sind insgesamt schimpflich und verraten in trauriger Weise die absolute Abwesenheit jeglicher Weitherzigkeit. Die Sache ist freilich nicht neu: R. K. Merton erinnerte daran, wie Galilei über einen Rivalen klagte, der «alles ihm für die Erfindung des astronomietauglichen Fernrohrs zustehende Lob zu verkleinern suchte».

Hier handelt es sich um eine besonders niedrig gesinnte Spielart des Wissenschaftskarrierismus. Ein Wissenschaftler, der die Idee eines anderen aufgelesen hat, wird einigermaßen angestrengt den Eindruck zu erregen versuchen, daß er selber und ebensowohl der Wissenschaftler, dem er die Sache verdankt, die Idee unabhängig voneinander aus einer viel älteren Quelle bezogen haben. Ich weiß noch wohl, wie überrascht und verletzt ich war von dem Aufwand, den ein einstiger Freund unter Anwendung der soeben geschilderten Methode trieb, um seiner Verpflichtung mir gegenüber aus dem Wege zu gehen, da ich ihm doch das gedankliche Motiv für seine Forschung gegeben hatte.

Ein weiterer schmutziger Trick besteht darin, aus einer langen Reihe nur die zuallerletzt veröffentlichten Aufsätze von Autoren zu zitieren, denen man verpflichtet ist, während zugleich die Erwähnung eigener Veröffentlichungen um Jahre und Jahre zurückgeht. Ein übler und in der Tat unentschuldbarer Trick aus der Kiste des Wissenschaftskarrierismus ist es, in einer Veröffentlichung einige methodische Einzelheiten zu verschweigen, damit ein anderer außerstande sei, den Faden dort aufzunehmen, wo der Autor ihn losließ, oder umgekehrt, zu beweisen, daß die ganze Geschichte aus reiner Science-fiction bestand. Leute, die solche Tricks anwenden, denken ebendarum wohl auch gering von sich selbst, und diese Überzeugung teilen alle aus ihrem Umkreis – gerade auch die, deren gute Meinung der Missetäter freudigst begrüßen würde.

Ein anderer Trick der Wissenschaftskarrieristen ist es, eine derart kritisch-subtile Geistesattitüde anzunehmen, daß kein Beweis ihr je Genüge tun kann («Damit bin ich nicht ganz glücklich» – «Ich muß sagen, daß ich davon noch überhaupt nicht überzeugt bin»). Ein Trick ist ferner, beiläufig zu verstehen zu geben, daß man etwas schon längst gedacht oder getan hätte («Genau dasselbe dachte ich, als ich in Pasadena zu ähnlichen Ergebnissen gekommen war»). Ich kannte einmal einen älteren auf medizinischem Gebiet arbeitenden Wissenschaftler, der an der Forschung aller anderen derart vernichtende Kritik übte, daß man sich fragte, ob bei ihm jede Möglichkeit zu vertrauen schon konstitutionell ausgeschlossen war. Erwartungsgemäß war er, was seine eigene Intelligenz betraf, ideenarm (dies mag seine kritische Veranlagung erklären helfen). Wenn er aber einmal einen eigenen Einfall hatte – du meine Güte: War das nicht der wichtigste und die tiefsten Tiefen erleuchtende Gedanke, den die Welt je erhört hatte! Hier nun setzte seine ganze Kritikfähigkeit aus: Seine Idee war ihm wie einer Katze ein Junges, und jede Opposition stachelte ihn dermaßen auf, daß sein Zorn von Tätlichkeiten nicht weit entfernt blieb.

Wissenschaftler erkennen recht gut, wann ihnen derlei begegnet, und ich argwöhne, daß diese Tricks immer, wenn sie zur Anwendung kommen, ein Gefühl von Unzulänglichkeit und Selbsterniedrigung im Gefolge haben. Schade; denn nicht das unwesentlichste aller Urteile, denen ein Wissenschaftler nachgeht, ist das gute Urteil über sich selbst.

Der Snobismus: reine oder angewandte Wissenschaft?

Eine der schädlichsten Formen des Snobismus in der Wissenschaft errichtet eine Klassenschranke zwischen reiner und angewandter Wissenschaft. Sie erreicht vermutlich in England ihren Höhepunkt, wo sich die Elegantissimi auf eine lange Geschichte der Ablehnung wie auch auf jederart abträgliche Aktivitäten berufen können.

Gerade diese Klassenscheidung ist besonders anstößig, weil sie auf völligem Mißverstehen der eigentlichen Bedeutung des Wortes «rein» fußt – daß es nämlich der sogenannten reinen Wissenschaft im Unterschied zur angewandten einen hehren Status verleihe. Ursprünglich fand das Wort Anwendung, um eine Wissenschaft zu kennzeichnen, in der Axiome oder oberste Prinzipien nicht durch Beobachtung oder das Experiment – beides vulgäre Tätigkeiten – erkannt wurden, sondern in der reinen Innenschau, durch Offenbarung oder eine bestimmte Qualität von Evidenz. In der Sicherheit seines privilegierten Zugangs zum Absoluten sah sich der reine Denker über dem Manne stehen, der tote Tiere zerschnitt, Metalle im Feuer reinigte oder Chemikalien verrührte, um aus dem, was natürlich vorkommt, verschiedene sonst kaum anzutreffende Verbindungen hervorzubringen. Den Scholaren – und noch meinen humanistischen Kollegen, als ich Lehrer in Oxford war – schienen alle derartigen Tätigkeiten reichlich untergeordnet und unter ihrer Würde zu liegen sowie insgesamt zu sehr nach Gewerbe und Handwerkern zu riechen; der Mann der angewandten Wissenschaft paßte nicht in den Salon, und trotz der Bemühungen um Toleranz war am Ende auch der am wenigsten Wählerische verhindert («Was würden Sie tun, wenn *Ihre* Schwester einen Angewandten heiraten wollte?»). Hatte Lord Bacon die reine Wissenschaft nicht mit dem *Licht* gleichgesetzt – und das «lumen naturale» mit einem Kienspan –, und hatte Gott es nicht für angebracht gehalten, das Licht zu erschaffen, bevor er seine Gedanken der angewandten Wissenschaft zuwandte?

Diese geistige Vornehmtuerei hat drei Jahrhunderte überdauert, schrieb ein Historiker der Royal Society bereits im Jahre 1667. (Die «Erfindungen», auf die er sich bezieht, sind künstliche Vorrichtungen und Apparate, das heißt: Künste. Im Trinkspruch der Royal Society «Auf die Künste und Wissenschaften» oder im Namen der Royal Society of Arts – der Königlichen Gesellschaft für die Künste [die mit der Royal Society of London zur Hebung der Naturwissenschaften nichts zu tun hat] meint das Wort «Künste» soviel wie werkliches Schaffen, Vorrichtungen und Apparate – also die verschiedenen Hilfsmittel, mit denen der Gedanke sich verkörpert oder in die Tat umgesetzt wird.)

> Die Erfindung hat etwas Heroisches und hat ihren Platz jenseits der Reichweite einer niederen und gewöhnlichen Begabung. Sie verlangt einen tätigen, kühnen, gewandten und rastlosen Geist: Tausend Schwierigkeiten, die ein kleineres Herz zerbrächen, sind geringzuachten; vergeblich gebliebene Anläufe sind immer wieder zu erneuern; mancher Schatz ist ohne Entgelt hinzugeben; viel geistige Energie muß all dies ungestüm begleiten; manche Ausschweifung und manches Übermaß sind zuzugestehen, die von den strengen Regeln der Rechtschaffenheit kaum geduldet würden.[17]

Thomas Sprat war indes nicht der Mann, zu glauben, daß eine angewandte Wissenschaft vorankommen könne ohne den Hintergrund einer philosophisch begründeten Experimentalmethodologie: «Ganz gewiß bleibt den manuellen Künsten eine Erweiterung zu machen übrig: die Ausübung nach den Regeln der philosophisch begründeten Experimentalmethodologie ... Macht fußt auf Wissen.»[18] Ein Mißklang könnte auftönen, wenn ich hinzufüge, daß Sprat etwas weiter vorn in seiner *History* sagt: «Zuallererst sollte in der englischen Nation die Lage der Industrie verbessert werden ... Eine erfolgreiche Methode, die Industrie zu vermehren, ist der Weg, den die Royal Society in der Philosophie beschritten hat: durch Eifer und Arbeit, nicht durch Verordnungen aus Worten und durch Papiervorschriften.»[19]

Sprats Ansichten sind in ihrem Rahmen, da sich die mechanische Industrie rasch über England ausbreitete, wohlverständlich – damals fand die erste industrielle Revolution statt. Stärker überrascht vielleicht, daß Samuel Taylor Coleridge in der Einleitung zu seiner *Encyclopedia Metropolitana* den folgenden Protest formulierte: «Wie können – im Lande eines Arkwright[20]! – die Wirtschaftswissenschaften unabhängig von der Mechanik gedacht werden! Und wo Davy[21] Vorlesungen über Landwirtschaft gehalten hat, wäre es Narretei, zu sagen, die zuhöchst wissenschaftlichen Gesichtspunkte der Chemie hätten nichts dazu beigetragen, daß unsere Täler von Korn überfließen.»

Die böseste Folge davon, auf die angewandte Wissenschaft verächtlich herabzusehen, war, daß die reine Wissenschaft ungeachtet ihrer Anwendungen einen Rückschlag erlitt; und dies kulminierte in England in der unbesonnenen Befürwortung, die Forschung nach Art des Einzelhandelsgeschäfts zu bezahlen: nach dem Prinzip «Geld gegen Ware». Der abschätzige Gebrauch des Wortes «akademisch» – das nur im Zusammenhang mit den niedersten Stufen des geistigen Lebens auftrat – wurde allgemeine Übung. Sprat hätte einen derartigen Meinungsumschwung als befremdlich empfunden; er schrieb an die Royal Society:

> Es ist seltsam, daß wir unfähig sind, den Gehirnen der vielen einzuprägen, daß der von Lord Bacon getroffene Unterschied notwendig ist, wonach es ebenso Experimente des Lichts wie Experimente der Frucht geben soll. Sie pflegen zu antworten: *Was kommt dabei schon an handgreiflich Gutem heraus?* Als derart beflissene Eintreiber des Guten sind sie in der Tat zu loben. Man sollte wünschen, daß sie solcherart Vitalität nicht nur in bezug auf die Experimentalwissenschaften an den Tag legten, sondern ebenso bei ihrer eigenen Lebensführung – so daß sie also sich auch dort fragten: *Was kommt dabei schon Gutes heraus, das mit Händen zu greifen wäre?* Sie sollten aber wissen, daß es in einer so ausgedehnten und vielfältigen Kunst wie der des Experimentierens viele Abstufungen von Nützlichkeit gibt: Einige Experimente dienen, ohne sonstiges Ergötzen, dem handgreiflichen, platten Nutzen; einige der Lehre ohne greifbaren Nutzen; einige dem Licht heute und dem Gebrauch morgen; einige nur zu Schmuck und Wißbegier. Wenn sie bei ihrer Verachtung allen Experimentierens verharren, es sei denn, es bringe unmittelbar

Gewinn und sofortigen Ertrag, können sie ebensogut über Gottes Vorhersehung nörgeln, weil er nicht alle Jahreszeiten zum Mähen, Pflücken und Keltern schuf[22].

Es *ist* seltsam, nicht wahr?

Der kritische Geist

Ein Wissenschaftler, der seine Freunde behalten und die Zahl seiner Feinde nicht vermehren möchte, darf nicht ständig spötteln und kritisieren und sich so den Ruf eines Gewohnheitsskeptikers einhandeln. Doch ist er es seinem Beruf schuldig, daß er Unsinn, Aberglauben und nachweisbar unhaltbare Anschauungen nicht hinnimmt oder gar gutheißt. Daß er Unsinn erkennt und geißelt, wird ihm zwar kaum Freunde, aber einigen Respekt eintragen.

Einige Jahre lang habe ich eine Schatztruhe voll mehr oder weniger trügerischer Meinungen zusammengetragen. Einige davon sollen im folgenden diskutiert werden, um zu zeigen, welcherart Kritik ich für berechtigt halte.

Wie oft schon wurde behauptet: «Die moderne Medizin kann nicht einmal gewöhnliche Erkältungen beseitigen.» Anstößig an dieser Behauptung ist nicht, daß sie unwahr wäre (sie ist wahr), sondern ihre Implikation: Ist es nicht zwecklos, Milliarden in die Krebsforschung zu stecken, wenn die moderne Medizin... und so weiter. Verkehrt daran ist der fast überall verbreitete Glaube, daß klinisch blande Krankheiten einfache Ursachen hätten, während die gravierenden unergründlich komplex und ihre Ursachen schwer zu durchschauen oder zu beheben seien. Weder das eine noch das andere ist wahr. Eine gewöhnliche Erkältung, verursacht von einem oder mehreren aus einer Vielfalt von Viren, die die oberen Atemwege befallen, und überlagert von allergischen Reaktionen in der dortigen Epidermis, ist ein äußerst verwickeltes Leiden. Ebenso das Ekzem, dessen meiste Formen noch immer rätselhaft sind. Andererseits haben einige sehr schwere Krankheiten, darunter die Phenylketonurie, verhältnismäßig einfache Ursachen. Davon können einige verhindert werden, so die genannte Phenylketonurie, andere sind heilbar, wie so viele bakterielle Infekte. Einige Krebsformen haben einen einfachen Ursprung, und man kann ihnen aus dem Wege gehen – beispielsweise dem vom Rauchen oder von gewissen industriell hergestellten Chemikalien verursachten Krebs. Und tatsächlich wurde der von äußeren Wirkstoffen verursachte Anteil an Krebskrankheiten aus berufenem Munde auf 80 Prozent geschätzt.

Eine weitere Behauptung von derselben Art wie die über die gewöhnliche Erkältung lautet: «Krebs ist eine Zivilisationskrankheit.» Dies scheint sich als natürliche Schlußfolgerung aus der Tatsache zu ergeben, daß Krebs in den industrialisierten Ländern der westlichen Welt viel weiter verbreitet ist als in den Entwicklungsländern. Leuten allerdings, die mit der Demographie oder mit der Epidemiologie vertraut sind, ist es zweite Natur, zu fragen, ob die verglichenen Populationen echt vergleichbar sind – und hier sind sie es nicht. Die verhältnismäßig hohe Lebenserwartung ist es, die es für den westlichen Menschen – sofern er nicht zuvor aus anderen Gründen stirbt – relativ wahrscheinlich macht, krebskrank zu werden, also sich eine Krankheit zuzuziehen, die in den mittleren oder späten Jahren auftritt; und darum ist die Schlußfolgerung nicht stichhaltig. Mortalitätsvergleiche sind nur dann valide, wenn die Populationen hinsichtlich ihrer Alterszusammensetzung und anderer Variablen standardisiert wurden, und dazu gehört die Veranschlagung von Qualitätsunterschieden in der Diagnosestellung.

Eine andere Art, wie ein Wissenschaftler Freunde von sich zu stoßen vermag, besteht darin, die Aufmerksamkeit auf die Tricks zu lenken, die uns das selektive Gedächtnis beim Urteilen spielt. «Dreimal habe ich von Kusine Winifred geträumt. Und genau am folgenden Tage rief sie mich an. Wenn das nicht beweist, daß Träume die Zukunft vorhersagen, dann weiß ich nicht, was sonst.» – «Aber wievielmal träumten Sie von Kusine Winifred, ohne daß sie danach anrief?» setzt der junge Wissenschaftler entgegen. «Und stimmt es nicht, daß sie sowieso jeden Tag anruft?» Wir erinnern uns immer nur des eindrucksvollen Zusammentreffens. Es gibt keinen Anlaß, die einzeln oder paarweise oder zu dritt auftretenden Mißgeschicke zu behalten (oder auf welche Zahl sich der Aberglaube versteift). Wenn ein Mann von bestimmtem Temperament ein Beispiel an schlechter Fahrweise sieht, wird er es nur dann bemerken und sich daran erinnern, wenn am Steuer eine Frau saß – und so überzeugt er sich von der geringeren Fähigkeit der Frauen, ohne den Urteilsfehler, der doch bei ihm liegt, zu erkennen.

Der Endokrinologe Dr. Dwight Ingle gibt in einer Schrift über dasselbe Thema die folgende Variante eines uralten Kalauers wieder:

Psychiater: Warum hauen Sie mit Ihren Armen wie mit Dreschflegeln um sich?
Patient: Um die wilden Elefanten abzuhalten.
Psychiater: Aber hier gibt es doch gar keine wilden Elefanten.
Patient: Richtig. Also wirkt es, nicht wahr?

Post hoc, ergo propter hoc – danach, also deswegen: Dieser Fehlschluß hat viele Verehrer, und darunter befinden sich, wie ich fürchte, auch Wissenschaftler. In der klassischen Embryologie bestand beispielsweise einmal der Glaube, eine lückenlose anatomische Aufzeichnung der Antezedensbedingungen genüge vollauf, um die Entwicklung ursächlich zu erklären.

Mit dem Aberglauben ist nicht leicht fertig zu werden. Wahrscheinlich ist es am besten, über astrologische Vorhersagen keinen Streit anzufangen; aber es könnte lohnen, hier nur ein einziges Mal auf die extreme Unwahrscheinlichkeit einer Verbindung zwischen Ursache und Wirkung aufmerksam zu machen und darauf hinzuweisen, daß es für sie keinerlei überzeugenden Beweis gibt. Immerhin möchte es das klügste sein, schlafende Hunde nicht zu wecken – ich für meinen Teil enthalte mich seit einiger Zeit jeglicher Diskussion über Löffelbiegen oder andere Manifestationen von «Psychokinese».

Kluge Wissenschaftler und Mediziner treffen ausreichend Vorsorge gegen die Gefahr, die aus dem Wunsch nach einem bestimmten experimentellen Ergebnis erwächst. Wenn ein Experiment nicht zur Gänze kontrollierbar gemacht werden kann, dann werden die Bedingungen so angesetzt, daß die unkontrollierbaren Fehlerquellen, wenn überhaupt, *gegen* die zu bestätigende Hypothese sprechen. Darüber hinaus unterwerfen sich auch die erfahrensten und redlichsten Kliniker dem Reglement des «Doppelblindversuchs». Hier weiß weder der Arzt noch der Patient, ob dieser ein, wie angenommen wird, wirkungsvolles Medikament oder ein dem Medikament äußerlich und im Geschmack gleichendes Placebo erhalten hat. Sofern der Plan strikt durchgeführt wurde und sofern das für den Zuordnungskode verantwortliche Teammitglied diesen nicht vergessen hat, kann die Versuchsbehandlung unter der Voraussetzung echter Objektivität ausgewertet werden – beeinflußt weder von den Wünschen des Arztes noch von jenen des Patienten.

Überzogene Ansprüche hinsichtlich der Wirksamkeit eines Präparats entstehen selten aus irgendeiner Betrugsabsicht; sie sind im allgemeinen das Ergebnis eines menschenfreundlichen Komplotts, worin jeder nur das allerbeste will: Der Patient möchte gesund werden; sein Arzt wünscht, er hätte ihm geholfen; und der Medikamentenhersteller wollte, er hätte dem Arzt dazu die Macht verliehen. Das kontrollierte klinische Experiment ist der Versuch, zu verhindern, daß man von solcherart Konspiration des guten Willens überrumpelt werde.

7
Jüngere und ältere Wissenschaftler

Die Jugend, so wert und teuer sie ist, hat ihre Gefahren, und ohne diesen besondere Beachtung zu schenken, wäre keine Arbeit dieser Art vollständig.

Anmaßende Arroganz. Der Erfolg hat auf junge Wissenschaftler zuweilen einen schlechten Einfluß: Ganz plötzlich stellt sich heraus, daß alle anderen ihre Arbeit schlampig planen und gar unfähig sind, sie auszuführen. Das junge Genie kann so etwas nicht hinnehmen und muß «selber nachsehen». Na klar: Es wartet zur nächsten Sitzung des Instituts mit einem Papier auf.

Zwar hat es schon der letzten Sitzung ein Papier vorgelegt, aber seitdem sind die Dinge weiter gediehen, und eine Menge Leute will diese letzten Entwicklungen nicht verpassen.

Die Arzenei gegen Überheblichkeit war in alter Zeit ein derber Schlag vor den Kopf mit einer prallen Schweinsblase. So viel vorsorglich im Sinne der Zurechtweisung, die zu verordnen wäre, bevor der junge Wissenschaftler sich in der Meinung jener selbst herabsetzt, die ihn andernfalls gern gemocht und ihm das Beste gewünscht hätten.

Der brillante junge Wissenschaftler. Solange er noch jung ist und falls er wirklich brilliert, üben seine Kollegen Nachsicht und empfinden womöglich sogar anteilnehmenden Stolz, wenn er seinen rasiermesserscharfen Verstand vorzeigt, seine blitzschnelle Auffassung und die unheimliche Leichtigkeit, mit der er Tatsachen oder Gedanken aus dem Gedächtnis holt, die nur in den *Sitzungsberichten der nationalen Akademie der Wissenschaften* einer Bananenrepublik oder in einer längst vergriffenen Ausgabe des *Kolonialwaren- und Fischhandelsblatts* aufgezeichnet sein können.

Ehrgeiz. Als Antriebsenergie betrachtet, die dazu beiträgt, daß etwas geschieht, ist der Ehrgeiz nicht unbedingt eine Todsünde, aber übertriebener Ehrgeiz ist gewiß eine Verunzierung. Der ehrgeizige junge Wissenschaftler ist daran zu erkennen, daß er für niemanden und nichts Zeit hat, es sei denn, sie trügen zu seiner Arbeit bei. Seminare oder Vorlesungen, die das nicht leisten, werden umgangen, und wer über sie ein Gespräch anzufangen versucht, wird als Langweiler fortgeschickt. Die Ehrgeizigen legen sich denen gegenüber, die ihre Interessen fördern könnten, mit übertriebener Höflichkeit ins Zeug und benehmen sich dementsprechend ungeschliffen gegenüber allen anderen. «Hoffentlich brauchen wir zu *dem* nicht zu nett zu sein», raunte mir ein ehrgeiziger junger Oxford-Graduierter in der Mensa über einen liebenswerten alten Kerl zu, der ein von Sachkenntnis ungetrübtes wissenschaftliches Interesse an den Tag legte. Der Graduierte benahm sich wirklich nicht nett; und obzwar ihm dieser eine Auftritt nicht direkt abträglich war, war er doch symptomatisch für eine ihm insgesamt schadende Geisteshaltung.

Das Älterwerden

Wie jeder andere Mensch, so wird sich vermutlich auch der älter werdende Wissenschaftler am Ende jeder Dekade sagen: «Da wären wir also. Es hat großen Spaß gemacht, aber es bleibt nichts weiter übrig, als die restliche Zeit in würdiger Haltung und mit der Hoffnung hinzubringen, daß mich ein Teil meiner Arbeit ein Stück weit überlebt.»

Solche düsteren Gedanken liegen bei Wissenschaftlern weiter vom Ziel ab als bei den meisten anderen Leuten. Kein arbeitender Wissenschaftler hält sich je für alt, und solange ihm Gesundheit, Ruhestandsregelungen und Glück mit der Forschungsarbeit fortzufahren erlauben, erfreut er sich des Privilegs der jüngeren Wissenschaftler, an jedem Morgen neu geboren zu sein. Solch ansteckender Lebenshunger war eine der liebenswertesten Eigenschaften jener großen amerikanischen Biologengeneration, um derentwillen alle gewöhnlichen Gesetze der Sterblichkeit und sogar die damit verbundenen physischen Anzeichen außer Kraft gesetzt schienen: Peyton Russ (1879–1970), G. H. Parker (1864–1955), Ross G. Harrison (1870–1959), E. G. Conklin (1863–1952) und Charles B. Huggins (geb. 1901).

Die Frage, welche Fähigkeiten mit zunehmendem Alter am raschesten schwinden, ist bis jetzt nicht genügend erforscht. Zu leicht glaubt man, daß die Kreativität scharf absinkt. Gewöhnlich wird der achtzigjährige Verdi des *Falstaff* zum Zeugen dagegen aufgerufen, und nach ihm tritt der Tizian der späten großen Meisterwerke mit gleicher Überzeugungskraft dagegen an. Weder stimmt es, daß «Forschung das Spielzeug der Jungen» sei, noch, daß die großen Auszeichnungen ungleich öfter von den Jungen vereinnahmt würden. Harriet Zuckerman zeigte in *Scientific Elite*, ihrer Studie über die amerikanischen Nobelpreisträger, daß im Verhältnis zur «Risikopopulation», wie die Statistiker sagen – im Risiko nämlich, zur Wissenschaft etwas beizutragen –, das modale Mittel jenes Alters, in dem die preisgekrönte Arbeit entstand, im Anfang der mittleren Lebensperiode lag.

Ich muß zugeben, daß sich, wenn ich an ältere Wissenschaftler denke, das Bild einer Ratsrunde von Graubärten einstellt, die sämtlich von der Richtigkeit ihrer Meinungen überzeugt sind und einer wie der andere Vorhersagen über die zukünftige Entwicklung wissenschaftlicher Ideen von sich geben, und zwar von einer Art, die die Philosophen als ganz und gar abwegig erkannt haben[23].

In meinen mittleren Jahren freundete ich mich eng mit Sir Henry Florey an, meinem ersten Chef, der zuvor das Pilzauszugsverfahren für Penizillin entwikkelt hatte. Florey ärgerte sich zutiefst über die mit dem Auftreiben von Geldern für seine Forschung verlorene Zeit und Energie. Er hatte sich um Hilfe an ein Komitee von Oberen gewandt, von denen Zusagen zu erwarten gewesen wären. Aber nein, die weisen alten Graubärte schüttelten die Köpfe von einer Seite zur anderen («oder vielmehr wackelten sie nur damit», wie Florey sagte) und verkündeten, die Zukunft der antibakteriellen Therapie läge in den synthetischen Produkten der organischen Chemie, deren Prototyp das Sulfonamid von Gerhard Domagk war, und ganz bestimmt nicht in den Pilz- oder Bakterienauszügen, die offenbar in das Arzneibuch im *Macbeth*, vierter Akt, erste Szene, zu gehören schienen. Ein Historiker, der über die hier behandelte Körperschaft schrieb, verteidigte sie vor mir unter vier Augen. Er sagte, die von ihr vertretene Auffassung sei zu jener Zeit ganz und gar vernünftig gewesen. Aber das reicht zur Verteidigung nicht aus. Auch sollte nicht angerechnet werden – obzwar das im wirklichen Leben üblich ist –, daß Florey ein ungeduldiger und beleidigend selbstsicherer Mann war. Das Komitee hatte unrecht, weil es ein vorwegnehmendes Urteil in einem Kontext fällte, in dem nichts außer einer äußerst zurückhaltenden und vorläufigen Haltung gerechtfertigt war.

Was ich nicht vergeben kann, ist, daß die Meinung über die Sulfonamide und über die synthetischen Produkte der organischen Chemie im allgemeinen so unglaublich phantasielos und unklug war. Obzwar das gesetzliche Dienstgeheimnis[24] einen undurchdringlichen Schleier über den gesamten Vorgang legt, kann ich mir die allwissende Attitüde überaus leicht vorstellen, mit der die Komiteemitglieder einander von der Richtigkeit der zutiefst banalen Auffassung überzeugten, daß eines Tages (ja, allerdings wann – der Krieg war ja noch nicht zu Ende) die synthetischen Produkte der organischen Chemie das Gebräu, das die Biologen mühsam zubereiteten, hinwegschwemmen würden. Nach allem, was ich weiß, könnten die wirklich gescheiten unter den Komiteeteilnehmern doch daran gedacht haben, die Ideen der Floreys und Flemings wären einen Versuch wert, aber sie wurden von jemandem niedergeredet, der so viel Selbstsicherheit verbreitete und mit derart bestimmter Stimme sprach, daß sie Angst hatten, als verdrehte Blindgänger abqualifiziert zu werden, als Vorreiter auf einem angeblich ausgedienten Weg.

Übertriebenes Vertrauen, die eigenen Ansichten seien die richtigen, ist eine Art seniler Arroganz, die an alten Wissenschaftlern ebenso widerwärtig ist wie die anmaßende Überheblichkeit an jungen.

Für schreiendes Unrecht wird den Tenor dieser Bemerkungen halten, wer daran denkt, daß die Gelder für die Forschung begrenzt sind und es unter verschiedenen Forschungsunternehmen auszuwählen gilt. Das ist alles ganz richtig. Aber nicht so sehr die Verkehrtheit der Urteile als vielmehr der Anspruch auf Richtigkeit ist es, was den Unmut der jüngeren Wissenschaftler erregt, genauso wie die gewerbsmäßigen Tipgeber oder Wahrsager nicht so sehr wegen ihrer falschen Vorhersagen als um ihres Anspruchs auf Wahrheit willen zu tadeln sind. Ein älterer Wissenschaftler in verantwortlicher Position sollte hinter sich stets eine Stimme hören, jener gleich, die den römischen Triumphator an seine Sterblichkeit erinnerte, eine Stimme, die heute den Wissenschaftler mahnen sollte, wie leicht er irren kann und wie oft er vermutlich tatsächlich irrt. Als ich schon einige Jahre im Labor von Professor Florey zugebracht hatte, beklagte er sich bei mir darüber, daß er den größten Teil seiner Zeit darauf zu verwenden schien, anderen die Forschungsarbeit zu ermöglichen. Aber für sein wahres Wohlwollen und für seinen zupackenden gesunden Menschenverstand war es bezeichnend, daß er in der Sorge um das Wohl der Jüngeren eine vordringliche Aufgabe des älteren Wissenschaftlers sah.

Im Umgang mit älteren Wissenschaftlern sollten die jüngeren nicht voraussetzen, daß die älteren ihre Namen auswendig kennen, noch weniger ihre Gesichter – auch wenn es erst kürzlich, nur ein Jahr zuvor, als die Federation-meetings[25] stattfanden, auf der Promenade von Atlantic City mit ihnen eine freundschaftliche Plauderei gegeben hat.

Und die Jüngeren sollten nicht versuchen, sich bei ihren Senioren einzuschmeicheln. Solche Versuche gehen so oft schief, daß es besser ist, ihnen ein für allemal abzuschwören.

Der ältere Wissenschaftler fühlt sich viel eher geschmeichelt, wenn er herausfindet, daß seine Ansichten der Gegenstand ernsthafter Kritik sind, als wenn ihm eine kriecherische und mitunter offen geheuchelte Ehrerbietung entgegentritt. Ein junger Wissenschaftler wird sich doch nicht bei einem voraussichtlichen Gönner lieb Kind machen wollen, indem er dessen Ansichten scharfer öffentlicher Kritik aussetzt. Ältere Wissenschaftler erwarten vom jungen Kollegen nichts weiter als Höflichkeit. Für Cobbett stand fest, das «Auflecken» sei übel: «Suche den Erfolg nicht in jemandes Gunst, in Bevorzugung und Freundschaft oder in dem, was *Vorteil* heißt: Grabe in dein Herz ein, daß du auf nichts anderes als dein Verdienst und deine ureigenen Anstrengungen setzest.»

Ihrerseits müssen die älteren Kollegen eingedenk sein – und ich selbst vergesse dies immer wieder –, daß nicht einmal die brillantesten unter ihren Junioren den großen Aufruhr erlebt haben können, den O. T. Averys Veröffentlichung auslöste, die Typenänderung der Pneumokokken werde von der DNS vermittelt. Die Mehrzahl der heutigen Graduierten kam jedenfalls nicht vor 1944 zur Welt, und so lange zurückliegende Ereignisse gehören in den Augen der Jüngeren einer präkambrischen Epoche der Wissenschaft an. Überdies könnten die Jungen müde werden, wieder und wieder zu hören, was für ein bemerkenswerter Kerl der alte Dale, was für ein Kauz Astbury war und wie grausam die Kapazität J. J. Thompson die Zöglinge heruntermachte. Der junge Wissenschaftler wird indes finden, daß er – wie ihm auch Lord Chesterfield hätte sagen können –, wenn er zunächst Interesse an diesen Geschichten heuchelt, ihnen am Ende etwas abgewinnen und etwas entnehmen kann, das seinem Verstand zugute kommen könnte.

Auch wenn nur eine Selbstbeglückwünschung beabsichtigt war, halten wir alle es für natürlich und beipflichtenswert, wenn ein alter Tropf sagt: «Ich war immens ermutigt, als ich erfuhr, daß Wotherspoon in diesem Jahr den Chemiepreis erhalten hat: Er war mein Schüler, wissen Sie» – natürlich wissen Sie es –, «und schon damals glänzte sein Geist wie ein neuer Pfennig.» Diese großzügige Geisteshaltung ist nicht überall anzutreffen, denn aus verwickelten psychologischen Gründen machten sich einige Tutoren und Doktorväter dafür bekannt, daß sie ihre Jungen aufzufressen pflegten.

Wenn ich diese Beziehung vom anderen Ende des Lebens her betrachte, dann glaube ich, daß den Jungen ihren Mentoren gegenüber eine Haltung freundlicher Achtung gut ansteht. Aus einem jungen Mund ist keine Bemerkung widerwärtiger als diese: «Natürlich tut es mir leid, daß der alte Wotherspoon gestorben ist, aber er hat sowieso zu nichts getaugt, wissen Sie» – nein, Sie wußten es nicht. Lord Chesterfield hätte eine derartige Erklärung unsagbar schockiert. Solche Anwandlungen sollten, wenn man sie überhaupt hat, nicht ausgesprochen werden.

Wenn junge Wissenschaftler noch jünger und noch unerfahrener erscheinen wollen, als sie wirklich sind, dann sollten sie keine Gelegenheit vorübergehen lassen, die Verwaltung zu verspotten und herabzusetzen, sie mag sein, wie sie will. Es würde ihnen erwachsen zu werden helfen, wenn sie einsähen, daß auch die Beamten der Wissenschaftsverwaltung, auf ihrem Gebiet, Problemlöser sind – und daß auch sie am Erkenntnisfortschritt arbeiten. Irgendwie ist, darüber sollte der junge Kollege nachdenken, die Aufgabe des Verwaltungsbeamten die schwierigere. Denn während gut begründete Naturgesetze einen jungen Wissenschaftler nicht ermutigen, daß er den Zweiten Hauptsatz der Thermodynamik zu umgehen versuche, versichert den Verwaltungsbeamten keinerlei vergleichbares Korpus allgemeiner Verwaltungsgesetze, er könne niemals einen Liter in einen Schoppen umgießen oder einem Schoppen einen Liter entnehmen oder Geld aus Steinen pressen – Dinge, die von Verwaltungsbeamten täglich durchgeführt oder angefaßt werden, wenn sie Gelder aufzutreiben versuchen. Auch vermögen sie schütteres Gelände nicht über Nacht in prachtvoll ausgestattete Laboratorien zu verwandeln.

Der junge Wissenschaftler könnte in der Annahme irren, daß Verwaltungsbeamte, die selber wissenschaftlich ausgebildet sind, seinem Begehren notwendigerweise mit der größten Sympathie lauschen. Denn weil sie Wissenschaftler und von daher selbst Bittsteller gewesen sind, kennen sie wahrscheinlich auch alle Tricks im Geldbeschaffen – und im besonderen das Argument, daß unser Verständnis der Ätiologie der Krebsgeschwulst oder des Zellteilungsmechanismus schwindelerregend voranzubringen wäre, wenn nur die gegenwärtige Arbeit um einige Jahre verlängert werden könnte.

Ein älterer Kollege wendet sich gewöhnlich der Verwaltung zu, weil er glaubt, dies sei der beste Weg, auf dem er zum Wissensfortschritt beitragen könne, und ebendiesen strebt ja auch der junge Wissenschaftler an – oder er sollte es wenigstens. Eine solche Entscheidung kommt nicht ohne persönliches Opfer zustande. Häufig bedeutet sie, die Forschung aufzugeben. Höhere Verwaltungsposten sind nämlich zu anspruchsvoll, als daß daneben eine Tätigkeit fortgesetzt werden könnte, für die es jener schier besessenen Zielstrebigkeit bedarf, die fast jede menschliche Bemühung verlangt, die gut und schnell erledigt werden soll, darunter auch die Verwaltungsarbeit selbst.

Junge Wissenschaftler dürfen sich auf keinen Fall darüber beschweren, sie hätten nicht genug zu sagen, und noch weniger dann lamentieren, wenn sie daraufhin zu Komitees eingeladen wurden, die ihnen die Redemöglichkeit eröffnen, die sie haben zu müssen glaubten. Sie stellen alsbald fest, daß die Komiteearbeit Zeit frißt, die sie wirklich viel lieber im Labor zugebracht hätten – trotz aller Klagen über die Verwaltungsbeamten, von denen sie herumgestoßen werden. Wegen der wachsenden Bedeutung der Wissenschaft ist die Wissenschaftsverwaltung heute ebenso wichtig und hebt sich ebenso deutlich ab wie die Krankenhausverwaltung. Kein Internist und kein Chirurg würde je daran denken, Stethoskop oder Skalpell beiseite zu legen, um sich der Arbeit eines Almosenpflegers oder Ingenieurs zuzuwenden – er läßt die Verwaltung eben weitermachen. Ebendies sollte der junge Wissenschaftler tun. Wenn er die Verwaltung so niedrig bewertet, sollte er sich glücklich schätzen, mit ihr nichts zu tun zu haben.

Die Komiteearbeit und andere außerdienstliche Ablenkungen dürfen niemals als Entschuldigung für nicht getane Forschungsarbeit dienen, denn die Forschung ist des Wissenschaftlers erste Aufgabe. Mir ist kein guter Wissenschaftler bekannt, der solche Entschuldigungen gebraucht – nur weniger gute. Die Anziehungskraft der Laborarbeit ist so groß, daß die Bürde der Verwaltungspflichten fast stets überschätzt wird. Ich kannte einen fähigen jungen Kollegen, der eine berühmte Universität verließ, um eine Stelle in einem pharmazeutischen Labor der freien Wirtschaft anzutreten. Ich fragte, wie ihm der Wechsel gefiele, und er bezeichnete ihn als eitel Wonne – die Universitätsverwaltung hätte ihn «ein bißchen zu sehr untergekriegt». In Unkenntnis davon, daß er überhaupt keine Verwaltungspflichten übernommen hatte, fragte ich ihn, was er in der Verwaltung zu tun gehabt hätte. «Ach», sagte er in einer Art fortgeschrittenen Märtyrertums, «man hat mich am Weinprüfungskomitee angeleint, wissen Sie.» Es hatte sich zu allem Überfluß um eine auszeichnende Ernennung gehandelt.

Der versöhnliche und großherzige Ton meiner Ausführungen zur Verwaltung könnte als das Zeugnis eines bekehrten Trunkenbolds aufgefaßt werden, der nun dergestalt mit Antitrinksprüchen gegen seine früheren Zechgenossen zu Felde zieht. Seinerseits sollte kein Beamter der Wissenschaftsverwaltung das Haddowsche[26] Gesetz aus dem Auge verlieren: Es ist Aufgabe des Verwalters, Geld herbeizuschaffen, und Aufgabe des Wissenschaftlers, es auszugeben.

Wenn es auch für ausgemacht gilt (ich zitiere den Schwindel-Lawrence aus *Cold Comfort Farm* von Stella Gibbons), es gebe ausnahmslos eine tief-düstere, untergründig-bittere Leibfeindschaft zwischen Wissenschaftlern und Verwaltung, so bleibt doch eine der Wohltaten zunehmenden Alters die Erkenntnis, daß alle miteinander besser fahren, solange eine Atmosphäre umfassender Kameradschaft herrscht.

Die Reflexion braucht Zeit. Ich höre noch heute meine Senioren sagen, als sie mit einem Hauch von Märtyrertum zu Komitees davoneilten, denen sie niemals hätten angehören müssen: «Heutzutage läßt man einem wohl niemals Zeit zum Denken.» Ich fand diese Bemerkung rätselhaft, denn mir schien es unmöglich, Zeit zum Denken abzuteilen, so wie für eine Partie Squash, fürs Mittagessen oder für einen Drink.

Sie meinten indes, daß sie keine Zeit hatten, um verwandte, aber nicht direkt relevante wissenschaftliche Literatur aufzunehmen, um zu reflektieren, um in Ruhe über experimentelle Ergebnisse – ihre eigenen ebensowohl wie die anderer – nachzusinnen, um unvermutete Irrtumsquellen aufzuspüren und um sich Gedanken zu machen, welche neuen Richtungen die Wissenschaft einschlagen werde. Ein Wissenschaftler, der von der Suche nach der Lösung eines Problems ganz und gar eingenommen ist, findet nicht so sehr, daß er dem Nachdenken besondere Zeitabschnitte widmet, sondern vielmehr, daß das Reflektieren über das Problem den Gleichgewichtszustand darstellt beziehungsweise den Nullpunkt auf der Skala, zu dem sein Geist automatisch zurückstrebt, sobald er nicht mehr von anderen Dingen in Beschlag genommen ist. Und in der Tat liegt die Schwierigkeit bei einem Wissenschaftler ohne administrative Verantwortungen, der tief in der Forschung steckt, nicht so sehr darin, Zeit zum Nachdenken über seine Arbeit zu finden, als vielmehr nicht darüber nachzudenken und statt dessen irgendeines der hundert Dinge zu erledigen, um die sich gute Eltern, Ehegatten, Haushaltsvorstände oder Bürger kümmern sollten.

8
Die Veröffentlichung

Die wissenschaftliche Forschungsarbeit ist nicht abgeschlossen, ehe nicht ihre Ergebnisse bekanntgegeben wurden. Bei den Naturwissenschaftlern nimmt die Veröffentlichung fast immer die Form eines «Papiers» für eine wissenschaftliche Zeitschrift an – im Gegensatz zu den Geisteswissenschaftlern, die ihre Forschungsergebnisse zumeist in Buchform vorlegen. Nur weil die Naturwissenschaftler so selten Bücher schreiben, fühlen sich altmodische Geisteswissenschaftler – wie man sie noch in Oxford und Cambridge findet – noch immer veranlaßt, die Produktivität der Naturwissenschaftler in Zweifel zu ziehen, und sie fragen sich, ob die langen Stunden im Labor nicht doch einem Hobby oder einer anderen Art zu spielen gewidmet werden.

Die Abhandlung vor einer wissenschaftlichen Gesellschaft vorzutragen ist so etwas wie eine Veröffentlichung, aber sie gilt erst als definitiv, wenn sie gedruckt erscheint. In einem gewissen Lebensabschnitt muß sich der junge Wissenschaftler unvermeidlich mit einem Vortrag an eine wissenschaftliche Gesellschaft wenden, doch nicht ehe er ihn in beispielsweise einer Seminarsitzung vor seinen Kommilitonen probeweise gehalten hat. Hier findet er freundliche und entspannte Aufnahme; vor einer wissenschaftlichen Gesellschaft indes ist doch etwas mehr Vortragsgewandtheit verlangt. *Unter gar keinen Umständen darf ein Vortrag abgelesen werden.* Bestürzung und Unmut einer Hörerschaft, die sich einem rasch und monoton heruntergelesenen Aufsatz stellen soll, sind kaum zu überschätzen. Sprechen Sie von Notizen ausgehend, junger Kollege! Ohne Notizen zu sprechen ist eine Art Prahlerei und erregt lediglich den Eindruck, dieselbe Geschichte wäre schon x-mal erzählt worden. Notizen sollten kurz sein und niemals aus längeren Absätzen majestätischer Prosa bestehen. Wenn ein paar Anhaltspunkte nicht genügen, um den Redner in Gang zu setzen, so muß er das Thema mehrmals durchgehen – nicht notwendig laut –, bis sich die rechten Worte auf den entsprechenden Reiz von selbst einstellen. Ich fand schon früh, daß es, wenn ich einen schwierigen Begriff zu erläutern hatte, eine große Hilfe war, hinter den Begriff in die Notizen zu schreiben: «(ERKLÄRE DAS!)» – eine Anordnung zumal, die den Redner von selbst zu einer natürlichen Wortwahl zwingt.

Ein gießbachartiges Hervorsprudeln von Wörtern mag zwar beim Redner den Eindruck erzeugen, er sei besonders gescheit, die Hörerschaft aber schätzt so etwas eher als Zungenfertigkeit ein. Ein maßvoller Vortrag mit vielleicht einem Hauch von Feierlichkeit – so hätte der Rat des Polonius gelautet. Suchen Sie zudem nicht zu langweilen. Ein Wissenschaftler, der sich die Zeit nimmt, vor Schülern zu sprechen, wird bald heraushaben, wann er seine Hörer im Griff hat. Kinder können sich nicht ruhig halten. Wenn ihnen langweilig wird, fangen sie an zu zappeln. Den Vortragenden beschleicht dann das Gefühl, er spreche zu einer riesigen Hörerschaft von Mäusen. Sobald aber das Interesse erwacht, sitzen selbst die Jüngsten still.

Der Vortragende kann nicht nur mit unerträglicher Weitschweifigkeit oder mit einer Arbeit, die an sich glanzlos ist, langweilen, sondern auch weil er sich ganz unnötig in technische Details verliert. Manchmal ist es klüger, den Hörern die Details zu ersparen. Sobald es aber wichtig war, zu wissen, in welcher Reihenfolge der Redner die verschiedenen Bestandteile in seine Nährlösung gab, und wenn die Hörerschaft dies zu wissen wünscht, dann wird sie ihn unmittelbar nach seinem Vortrag oder später privatim danach fragen.

Wann immer möglich, sollte die Wandtafel dem Dia vorgezogen werden. Ich habe den Vorsitz sehr erfolgreicher Konferenzen geführt, in denen jegliches Lichtbild und alle formelle Ansprache verboten waren.

Solche Rücksichten sind natürlich fehl am Platz, wenn die *genaue* Form einer Kurve oder Kurvenschar oder die genauen numerischen Werte von Meßgruppen von Radioaktivität wesentlich sind. Sehr oft sind sie es aber nicht. Wenn eine Beziehung zwischen Variablen linear verläuft – also einfache Proportionalität besteht –, dann sagen Sie das. Wenn die Hörerschaft das Wort eines Wissenschaftlers nicht akzeptiert, dann ebensowenig seine Dias. Sollte die Behauptung des Redners in Frage gestellt werden, so braucht er nur den Lichtbildvorführer kurz aufzufordern: «Wollen Sie so freundlich sein und Bild sieben zeigen?» – genau jenes, das jenseits allen Zweifels zeigt, daß die Beziehung tatsächlich linear verläuft.

Die *Länge* ist ein Problem. Redner sollten eines Grundsatzes von fast Newtonscher Würde eingedenk sein, der, wie ich glaube, von Dr. Robert Good und mir unabhängig und zur selben Gelegenheit vorgelegt wurde: daß Leute, die etwas zu sagen haben, es in der Regel kurz sagen können. Nur ein Redner, der nichts zu sagen hat, fährt fort und fort, als legte er einen Rauchvorhang.

Unter allen Monstrositäten der Science-fiction löst das Perennorhetron das tiefste Grauen aus – jedenfalls auf wissenschaftlichen Konferenzen. Und beiläufig gibt es keine bessere Methode, sich einen Feind fürs Leben zuzulegen, als die Vortragszeit des folgenden Redners zu erschleichen – was sowieso nie vorkommen sollte, falls der Vorsitzende nicht schläft.

Auch der erfahrenste Redner ist vor einem Vortrag nervös, und das ist soweit ganz begrüßenswert, denn es ist ein Zeichen, daß ihm daran liegt, gut zu sein. Es beeindruckt die Hörer nicht wirklich, wenn der Sprecher in seiner Tasche nach einem verkrumpelten Briefumschlag wühlt und sagt (wie ich einst J. B. S. Haldane sagen hörte): «Als ich im Zug überlegte, was ich Ihnen eigentlich sagen sollte . . .» Die Hörer reagieren freundlicher, wenn sich erweist, daß sich der Redner bei der Vorbereitung seines Themas angestrengt hat. Dias, die den Daumenabdruck des Redners oder Glasbruchmuster veranschaulichen, sind zu vermeiden.

Die schwierigste Regel der Selbstdisziplin ist es, zu lernen, daß man sich nicht aufregt, wenn ein Mißgeschick eintritt – wie es sich zuzeiten, unvermeidlich, ereignet. Die Hörer verzeihen eher jenem Redner, der den Faden verliert, seine Dias durcheinanderbringt oder gar vom Pult fällt, als dem, der auch nur entfernt zu verstehen gibt, daß er ihnen nicht die gehörige Achtung zollt.

Nicht lange nach einer schweren Krankheit, die meine Sehkraft beeinträchtigte und mich den Gebrauch einer Hand kostete, brachte ich anläßlich einer großen öffentlichen Vorlesung meine Vortragsnotizen ernstlich durcheinander. Meine Frau kam auf das Podium, um mir zu helfen, und die Hörer, die stellvertretend gelitten hatten, wie bei netten Leuten üblich, freuten sich erleichtert, als sie mich über den Lautsprecher zu ihr sagen hörten: «Ich weiß genau, was du meinst – Seite fünf kommt nach Seite vier.»

In Großbritannien gibt das Institute of Electrical Engineers ein bewundernswertes *Speaker's Handbook* heraus, worin dem Redner empfohlen wird, sich so hinzustellen, daß die Füße 40 Zentimeter voneinander entfernt stehen, denn «dies beendet das Zittern». Diese Anweisung ist amüsant, nicht weil Elektroingenieure besonders zittrig wären, sondern wegen des hohen quantitativen Genauigkeitsgrades – als hätten Versuche ergeben, daß das Auseinanderstellen der Füße um 35 oder um 45 Zentimeter zuverlässig einen Krampfanfall in Gang setzen würde.

Wissenschaftler sollten sich bei ihrem Vortrag so verhalten, wie sie es von anderen wünschten. Es ist ein induktiv erstelltes Naturgesetz, daß Redner immer nur Gähnende erblicken, und a fortiori jenes ungeheuer höhlenhafte Gähnen, das die fast völlige Auslöschung der Psyche ankündigt. Dasselbe gilt für alles andere, das einen Vortragenden abzulenken vermag (was natürlich auch Absicht sein könnte): zischendes Flüstern, ostentatives Beäugen von Uhren, Gelächter am falschen Platz, langsames, gewichtiges Schütteln des Kopfes und derlei mehr. Ein Hörer seinerseits, den man auf dem Gebiet des Vortrags für einen Experten hält, ist gut beraten, wenn er sich während der Rede eine Frage ausdenkt für den Fall, daß der Vorsitzende sich an ihn wendet: «Dr. . . ., wir haben noch einen Augenblick Zeit zur Diskussion. Wollen Sie nicht den ersten Ball werfen?» Der so Angesprochene kann kaum antworten: «Ich fürchte, das geht nicht – ich habe fest geschlafen.» Wenn er aber lediglich sagt: «Was haben Sie als nächsten Schritt Ihrer Forschungsarbeit ins Auge gefaßt?», ist der Hörerschaft klar, daß er geschlafen hat. Schläfrigkeit ist recht oft die Folge von Sauerstoffunterversorgung in einem schlecht belüfteten Vortragssaal – nicht unbedingt eines langweiligen Vortrags.

Wenn die Leute beim Vortrag tatsächlich schlafen, sollte sich der Redner damit beruhigen, daß kein Schlaf derart tief erfrischt wie der, zu dem uns Morpheus anläßlich eines Vortrags so nachdrücklich einlädt. Vom physiologischen Gesichtspunkt aus ist es erstaunlich, wie rasch die Verheerungen einer durchgebrachten Nacht oder einer langandauernden Operation zu beheben sind, wenn man immer wieder mal für ein paar Sekunden eindöst.

Der Aufsatz

Noch so viele Vorlesungen, Seminare oder anderer mündlicher Austausch können den wissenschaftlichen Zeitschriftenbeitrag nicht ersetzen. Allerdings weiß jeder, daß die Aussicht, eine Abhandlung zu schreiben, den Wissenschaftler mit Bangigkeit erfüllt und bei ihm einen Schauer von Verdrängungshandlungen auslöst: unnütze, uninformative Experimente, den Bau funktionsloser oder unnötiger Apparate oder, in extremis, den Besuch von Komitees («Wenn ich nicht hin und wieder im Sicherheitskomitee auftauche, denkt jeder, ich wäre der Dieb»). Als Grund für den Widerwillen des Naturwissenschaftlers gegen das Abfassen von Aufsätzen wird seit je der Verlust von Zeit für die Forschungsarbeit genannt; aber die eigentliche Erklärung ist, daß die Wissenschaftler wissen: Sie sind im Aufsatzschreiben – und in der Tat darin, auch nur etwas zu schreiben, und sei es bloß der Bittbrief, der notwendig ist, um das Labor bei Solvenz zu halten – nicht gut; Schreiben ist eine Fertigkeit, die sie nie recht erworben haben.

Es wird angenommen, Wissenschaftler wären zum Aufsatzschreiben intuitiv befähigt, weil sie so viele Aufsätze durchgeblättert haben, so wie junge Lehrer als zum Vortrag geeignet gelten, weil sie so viele Vorträge angehört haben.

Ich habe das Gefühl, unloyal zu sein, und stehe doch unerschrocken auf dem Boden der Wahrheit, wenn ich sage, daß die meisten Wissenschaftler *keine* Ahnung vom Schreiben haben, denn insofern der Stil «l'homme même» verrät, schreiben sie, als haßten sie das Schreiben und wollten nichts lieber, als damit fertig sein. Die einzige Art, das Schreiben zu erlernen, ist, vor allem anderen zu lesen, gute Vorbilder zu studieren und sodann zu üben. Ich meine Übung nicht in dem Sinne, wie angehende Pianisten «Der fröhliche Landmann» üben, sondern Übung, indem, anstelle der üblichen Entschuldigung, tatkräftig geschrieben wird, wann immer zu schreiben erfordert ist, und zwar, wenn nötig, so lange von neuem, bis Klarheit erreicht ist und bis der Stil, wenn nicht elegant, so doch wenigstens nicht roh und eckig klingt. Ein guter Schriftsteller gibt uns niemals das Gefühl, als wateten wir durch einen Sumpf oder wollten, mit bloßen Füßen stelzend, einen Weg durch Glasscherben finden. Überdies sollte jede schriftliche Kundgebung so weit wie möglich natürlich klingen, das heißt, nicht abgetragen wie ein Sonntagsanzug und nicht zu weit ab vom gewöhnlichen Ton, sondern eher, als wollte man zum Vorsitzenden der eigenen Abteilung oder zu einem anderen Oberen sprechen, der sich gerade nach dem persönlichen Vorankommen erkundigt hat.

Auch noch so viele Verbote werden je etwas Positives zuwege bringen; trotzdem sind bestimmte Praktiken jedenfalls zu vermeiden. Darunter befindet sich eine, die aus dem Deutschen in das amerikanische Englisch kam: Hauptwörter als Attribute zu verwenden (als wären sie Eigenschaftswörter), und manchmal derart aneinandergereiht, daß ein ungeheures hauptwortähnliches Monstrum entsteht, das ständig auseinanderzufallen droht. Ein gewandter Sprachkundiger, der aber zugleich ein Gewohnheitsschwindler war, erklärte mir einmal, es gebe ein einzelnes deutsches Wort für «die Witwe des Mannes, der Karten zu reduziertem Preis zum Eintritt in den Zoo an Sonntagen ausstellte». Das ist natürlich nicht wahr[27], veranschaulicht aber das Prinzip, und wenn auch ich selber noch nicht gelesen habe: «vegetable oil polyunsaturated fatty acid guinea pig skin delayed type hypersensitivity reaction properties – Mehrfach - ungesättigte - Pflanzenölfettsäure - Verzögerungstyp - Hypersensitivreaktions - Meerschweinchenhauteigenschaften», so doch einige gleichermaßen einschüchternde Substantivbildungen. Ein Anreiz zu solcher Schreibweise liegt darin, daß die meisten Herausgeber die Textlänge beschneiden, so daß ein Wissenschaftler, der ein Wort die Arbeit von zehn verrichten läßt, meinen möchte, er wäre dem Herausgeber um eins über.

Eine weitere kleine Regel (besonders für medizinische Wissenschaftler) besagt, daß Mäuse, Ratten und andere Versuchstiere niemals gespritzt werden sollten. Kaum eine Nadel zur subkutanen Injektion ist groß genug, um auch nur die kleinste Maus durchzulassen, zumal wenn sie zusammen mit etwas gespritzt wird. («Mäuse wurden mit Kaninchenserum-Albumin, gemischt mit Freundschem Adjuvans, gespritzt», ist zu lesen. «Aha. Aber wo hinein?» hört man rufen.) Mäuse dürfen schon Injektionen erhalten, beziehungsweise es können Substanzen in sie injiziert werden. Affektiertheit? Wenn man es getrennt betrachtet, ja. Doch wenn sich solche Geschmacksverirrungen ansammeln, ist ein sonst ehrlicher und lesbarer Aufsatz entstellt. Vermeiden Sie auch so ausgelaugte Wendungen wie «die Rolle der adrenokortikalen Hormone in der Immunreaktion». Warum schreiben Sie nicht stattdessen: «der Beitrag der adrenokortikalen Hormone zur...» und so weiter. Bedenken Sie auch Ihre Präpositionen: Die Einstellung der Körperelektrolyte geschieht nicht *durch das*, sondern *vom* (adrenalinausschüttenden) Nebennierenmark. Und schließlich sind wir (oder wir sind nicht) tolerant *gegenüber* Fehlern und nicht tolerant *gegen* Fehler des sprachlichen Ausdrucks, und so weiter.

Des weiteren ist daran zu denken, daß über dasselbe Thema die gute schriftliche Darstellung stets kürzer ist als die schlechte. Sie haftet meist auch fester im Gedächtnis. Wer, außer Winston Churchill, könnte so viel mit so wenig Worten gesagt haben, wie es Francis Bacons Bemerkung über einen ehrgeizigen politischen

Rivalen vermochte: «Er macht es wie die Affen: Je höher er steigt, desto deutlicher zeigt er seinen Arsch.» (Sic!)

Wenn aber ein junger Wissenschaftler Vorbilder studieren wollte: welche? Jeder technisch versierte Schriftsteller tut es, zumal wenn ihn der Leser bewundert und ohnehin gelesen hätte. Romane und andere nichtwissenschaftliche Schriften erfüllen den Zweck recht gut. Bernard Shaw schrieb einen sehr guten Stil, und einiges von Congreve ist von wunderschöner Gewandtheit des Ausdrucks, doch Schrifttum, das schwierige Themen darlegt und zum Verständnis bringen will, empfehle ich besonders. Obwohl nicht alle Philosophen diese Bedingung erfüllen, so sind sie doch im ganzen eine ausgezeichnete Wahl, so besonders, wie ich glaube, die Inhaber eines Lehrstuhls für Philosophie am University College in London, darunter Alfred Jules Ayer, Stuart Hampshire, Bernard Williams und Richard Wollheim. Essayisten geben zumeist gute Vorbilder ab. Die Essays von Bacon sind überragend, und einige von Bertrand Russell (zum Beispiel seine *Sceptical Essays*) sind brillant geschrieben, und so auch viele aus J. B. S. Haldanes Feder, die allerdings großenteils vergriffen sind. Tiefe, Witz und gründlich verstehendes Eindringen wurden niemals wirkungsvoller miteinander verbunden als in Dr. Johnsons *Lives of the Poets*.

Heute darf in der englischsprechenden Welt (in Frankreich denkt man anders darüber) ein wissenschaftlicher oder philosophischer Aufsatz nicht zur hochrhetorischen Übung ausarten. Doch in den Tagen, als zwischen Stil und Inhalt oder Medium und Mitteilung noch eine gewisse Unausgeglichenheit bestand, fand es Dr. Joseph Glanvill (1636–1680), Mitglied der Royal Society, richtig, die Naturforscher zu warnen. Die Schreibweise des Naturwissenschaftlers, so schrieb er in seinem *Plus Ultra*, habe «bestimmt, aber doch einfach ... artig [geschliffen] und kompakt wie Marmor» zu sein, keineswegs aber «durchbrochen von lateinischen Sprengseln oder unpassenden Zitaten ... unverworren ... durch weit Hergeholtes und durch ausufernde Rede».

Der Großteil dieser Warnungen gilt inzwischen nicht mehr. Auch rät uns Abraham Cowley in seiner Ode an die Royal Society, nicht etwa «den malerischen Bildern und Schaustücken des Gehirns» abzuschwören. Damals war langgewelltes Haar gerade passé; der knappe Schnitt, den radikalen puritanischen Aktivisten angepaßt, die in der Verkündigung der wissenschaftlichen Revolution jene bedeutende Rolle innehatten, war die Mode des Tages. Betrachten wir zum Beispiel den Einleitungsabschnitt von Bertrand Russells *Sceptical Essays,* worin er seine Absichten darlegt. Es läßt sich kaum vorstellen, daß jemand klarer, treffender oder bündiger schreibt. Richten wir unser Augenmerk auch darauf, wie diese Sätze der freien Rede ähneln – man kann beinahe seine trockene, rissige, an Voltaire erinnernde Stimme hören:

> Ich möchte dem Leser zur freundlichen Betrachtung eine Lehre vorlegen, die ihm, wie ich fürchte, auf grobe Art paradox und subversiv erscheinen könnte. Die fragliche Lehre ist diese: Es ist nicht wünschens-

wert, einer Aussage Glauben zu schenken, solange es keinerlei Grund zur Annahme gibt, sie sei wahr. Ich muß natürlich zugeben, daß, sollte dieser Satz Allgemeingut werden, er unsere Gesellschaft und unser politisches Leben völlig verändern würde; aber da gegenwärtig beide untadelig sind, spricht gerade dies gegen ihn. Ich bin mir auch bewußt (und dies wiegt mehr), daß die mit diesem Satz verbundene Haltung die Einkommen der Wahrsager, Buchmacher, Bischöfe und anderer schrumpfen ließe, die von den irrationalen Hoffnungen derer leben, die nichts unternommen haben, um eine glückliche Zukunft hier oder im Jenseits zu verdienen. Gegen diese schwerwiegenden Argumente behaupte ich indes, daß mein Paradoxon vertretbar sei, und ich werde es weiter auseinanderzusetzen versuchen.

Wenn ein junger Wissenschaftler an einem Aufsatz schreibt, sollte er sich klarmachen, wen er anspricht. Die einfachste Lösung ist, sich lediglich an die Berufskollegen zu wenden, und unter diesen nur an solche, die auf einem dem eigenen verwandten Felde arbeiten. Dieser Weg ist aber nicht der richtige. Ein Wissenschaftler sollte daran denken, daß seine intelligenteren Kollegen wahrscheinlich zum Zwecke der geistigen Entspannung in der Literatur herumschnuppern und gern erfahren möchten, was er vorhat. Zudem kommt die Zeit heran, in der der junge Wissenschaftler von Referenten und Preisrichtern nach seinen schriftlichen Arbeiten beurteilt wird. Diese dürfen sich zu Recht ärgern – und das geschieht oft –, wenn sie nicht herausbekommen können, worum es in einem Aufsatz geht oder warum der Autor die Untersuchung überhaupt angefangen hat. Eine formgerechte Abhandlung sollte daher mit einem erklärenden Absatz anfangen, der das untersuchte Problem und die Hauptlinien des Weges beschreibt, auf dem der Autor zu einer Lösung beigetragen zu haben glaubt.

Besondere Mühe muß der Zusammenfassung gewidmet werden. Sie sollte den ganzen Platz nutzen, den die Zeitschrift dafür reserviert (ein Fünftel oder ein Sechstel der Länge des Textes, je nachdem). Mit ihrer Abfassung wird das schriftstellerische Geschick des Autors auf die härteste Probe gestellt, zumal seit der «präzise Ausdruck» aus den Lehrplänen der meisten Schulen gestrichen wurde, aus Angst, die schöpferische Eingebung der Schüler könnte unter ihm erstickt werden. Die Zusammenfassung stellt des Autors Auffassungskraft und seinen Sinn für Proportion auf die Probe – sein Gefühl für Wesentliches und Wegzulassendes. Eine Zusammenfassung muß innerhalb ihrer Grenzen vollständig sein. Sie kann gut mit dem Wortlaut der befragten Hypothese einsetzen und mit ihrer Bewertung enden. Nichts ist miserabler und kraftloser als ein Satz wie: «Es wird die Bedeutung dieser Ergebnisse für die Ätiologie der Brightschen Krankheit erörtert.» Wurde dies tatsächlich erörtert, dann sollte die Erörterung auch zusammengefaßt werden. Wenn nicht, dann schweigen Sie lieber. Die Abfassung von Abstracts – Inhaltsangaben – ist ein Dienst an der Öffentlichkeit, den der junge Wissenschaftler auch einmal freiwillig leisten sollte. Selbst im Hinblick darauf, daß ein Abstract von einem erfahrenen Redakteur durchgesehen wird, bevor es in Satz geht, bleibt die Abfassung eine gute Stilübung.

Die Zahl der in der Bibliographie aufzuführenden Autoren (beachten Sie darin stets den Stil des Hauses mit skrupulöser Sorgsamkeit) sollte das Hinreichende und Notwendige nicht überschreiten. Es kann als Symptom des Wissenschaftskarrierismus gelten (s. Kap. 6), wenn jemand Artikel aus so alten Zeitschriftenjahrgängen heranzieht, daß man sie in den Gängen aufgelassener Minen suchen muß, wohin sie um Raum verlegene Bibliothekare abgeschoben haben. Die den Vorgängern fällige Ehre und Gerechtigkeit sind nicht zu vergessende Kriterien, aber einige Namen sind doch so groß und einige Ideen so geläufig, daß deren Auslassung die größere Ehre bedeutet. Ein gutes Urteil ist hier allerdings nötig; was dem einen frommt, ist des anderen Beschwerdegrund.

Auch Aufsätze, die an sich gute Arbeit enthalten, können von einem Herausgeber aus verschiedenerlei Gründen zurückgewiesen werden. Die Verleger von wissenschaftlichen Zeitschriften lassen gerne wissen, daß die Weitschweifigkeit der Beiträge sie zum Bettler macht, und der häufigste Grund für eine Zurückweisung ist in der Tat das Mißverhältnis zwischen Länge und Inhalt. Ein weiterer Grund besteht darin, daß auf bibliographische Erwähnungen im Text nicht Bezug genommen wurde oder umgekehrt. In diesem Fall hat der Autor die Zurückweisung verdient. Was auch als Grund angegeben sein mag – die Zurückweisung eines Aufsatzes verletzt immer den Stolz; doch es ist gewöhnlich besser, für die Arbeit eine andere Heimat zu finden als mit Sachbearbeitern zu streiten. Zuweilen sind diese aus persönlichen Gründen feindlich gesinnt und freuen sich, daß sie mit ihrer Zurückweisung eine Enttäuschung erreicht haben. Zu angestrengte Versuche jedoch, hiervon einen Herausgeber zu überzeugen, überzeugen diesen eher, der Autor habe paranoide Tendenzen.

Vom inneren Aufbau eines Aufsatzes sagte ich lediglich, man solle einen erklärenden Einleitungsabsatz schreiben, der im wesentlichen das Problem darstellt, das dem Autor am Herzen liegt. Die üblich gewordene Textanordnung verewigt die Illusion, die wissenschaftliche Forschung werde induktiv vorangetragen (s. Kap. 11). Beim üblichen Vorgehen beschreibt ein Abschnitt unter dem Titel «Methode» in mitunter unnötigen Einzelheiten das vom Autor verwendete technische Verfahren und dessen Wirkungsweise. Ein separater Abschnitt unter dem Titel «Vorangehende Arbeiten» kann gegebenenfalls zugestehen, daß schon andere zuvor einen Pfad zu jener Wahrheit vage ertastet haben, die der Autor nun darzutun verspricht. Ein nach dem üblichen Schema geschriebener Aufsatz enthält schlimmstenfalls einen Abschnitt namens «Ergebnisse»: einen zungenfertigen Schwall von Tatsachenangaben, zumeist ohne verbindende Erklärung zum Warum einer Beobachtung oder dazu, weshalb ein bestimmtes Experiment unternommen wurde und nicht vielmehr ein anderes. Dann folgt unter «Diskussion» eine Passage, worin der Autor sich in der kleinen Scharade erschöpft, er werde nun all die Informationen auflisten und sortieren, die er aus völlig objektiver Beobachtung geschöpft hat, um herauszufinden, was, wenn überhaupt, sie bedeute. Hiermit wird die induktive Forschung ad absurdum geführt: mit einer gewissenhaften Exemplifizierung des Glaubens, die wissenschaftliche Untersuchungstätigkeit bestehe im Sammeln von Tatsachen, aus deren Betrachtung oder deren logischer Manipulation eine Ausdehnung unseres Verstehenshorizontes unweigerlich folgt. Solcherart Abtrennung der «Ergebnisse» von der «Diskussion» soll wohl eine Parallele zu der lobenswerten Zeitungsverlegertaktik darstellen, die in namhaften Blättern die Nachrichten von deren Kommentierung trennt. Aber hier besteht durchaus keine Parallele. Die «Diskussion» genannte Argumentation eines wissenschaftlichen Aufsatzes ist im täglichen Leben von Informationsbeschaffung und vom Anreiz dazu nicht zu trennen. Die Abtrennung der «Ergebnisse» von deren «Diskussion» ist eine ganz willkürliche Zerteilung dessen, was im wesentlichen ein einziger Gedankenablauf ist. Nichts davon trifft zu auf die Entflechtung der Nachrichten über Ereignisse oder Aktivitäten der Legislative vom Kommentar darüber, denn beide können unabhängig voneinander variieren.

Ein Wissenschaftler, der einen Aufsatz abschließt – beziehungsweise die Niederschrift anfertigt –, sollte einen gewissen Stolz empfinden, sollte in der Tat fühlen: «Dies bringt die Leute auf die Beine.» Entweder zeigt es Verzagtheit an, wenn sich nichts davon beim Autor einstellt, oder vielleicht ein gutes Urteilsvermögen.

Als ich Direktor des National Institute for Medical Research war, beendete einmal ein junger Kollege einen kurzen Brief an die Zeitschrift *Nature* – das traditionelle Vehikel für bedeutende wissenschaftliche Neuigkeiten –, der nach seinem Gefühl so wichtig war und von der Welt so ersehnt, daß man ihn der Post nicht anvertrauen durfte, sondern persönlich abliefern mußte. So geschah es. Aber dann ging der Brief unglücklicherweise verloren und mußte aufs neue vorgelegt werden. Diesmal per Post. Wir alle glaubten, er wäre beim erstenmal unter der Tür durchgeschoben worden und wohl deshalb unter der Fußmatte verlorengegangen. *Moral:* Benutzen Sie die anerkannten Kommunikationskanäle.

9
Experiment und Entdeckung

Seit den Tagen Baconschen Experimentierens glaubt man, das Experiment sei der Wissenschaft als Grundbestandteil derart notwendig, daß einer Untersuchungstätigkeit, die sich außerhalb des experimentellen Rahmens bewegt, oftmals das Recht auf den Namen «Wissenschaft» überhaupt abgesprochen wird.

Es gibt vier Arten des Experiments[28]. Im ursprünglichen Baconschen Sinne wird ein Experiment, im Gegensatz zu Erfahrungen oder Vorkommnissen, die sich natürlich ereignen, ersonnen; es entsteht aus dem

Wunsch, «etwas auszuprobieren» oder auch nur herumzuspielen.

Der Grund, aus dem Bacon solchem Experimentieren so große Bedeutung zuschrieb, sei später dargelegt. Es war indes das Experiment Bacons – jenes also, das die Frage beantwortet: «Ich möchte doch gerne wissen, was geschieht, wenn ...» –, woran Hilaire Belloc gedacht haben muß, als er die folgende Passage schrieb:

> Jeder, der geistig und physisch einigermaßen gesund ist, kann wissenschaftliche Forschungsarbeit leisten ... Jeder kann mittels geduldigen Versuchens ausprobieren, was geschieht, wenn diese oder jene Substanz in diesem oder jenem Verhältnis mit einer anderen unter dieser oder jener Bedingung gemischt wird. Jeder kann den Versuch auf jegliche Art abwandeln. Wer auf diese Weise auf etwas Neues und Nützliches stößt, wird berühmt ... Der Ruhm ist danach das Ergebnis von Glück und Fleiß. Er ist nicht das Ergebnis eines besonderen Talents.[29]

Das Baconsche Experiment. In den frühen Tagen der Wissenschaft[30] glaubte man, die Wahrheit liege überall herum, man brauche sie nur aufzulesen, sie warte wie das reife Korn, abgeerntet und eingefahren zu werden. Die Wahrheit würde sich uns kundtun, wenn wir nur die Natur mit weit offenen Augen und jenem unschuldigen Auffassungsvermögen *beobachten* würden, welche die Menschheit in den arkadischen Tagen vor dem Sündenfall besessen haben soll – noch ehe Vorurteil und Sünde unsere Sinne trübten. Die Wahrheit stehe also zur freien Verfügung, wenn wir nur den Vorhang aus Vorurteil und Vorgefaßtem zu zerteilen und *die Dinge, wie sie wirklich sind, zu beobachten* vermöchten. Aber ach, wir könnten ein ganzes Leben mit der Beobachtung der Natur verbringen, ohne je die Zusammenkunft von Ereignissen zu bemerken, die uns große Wahrheiten entschlüsseln würde – es sei denn, sie kreuze zufällig unseren Weg. Es hat keinen Zweck, erklärte Bacon, sich auf das Glück zu verlassen – auf «die gelegentliche Gewogenheit bestimmter Ereignisse» –, damit es uns all die Tatsacheninformation zutrage, deren wir bedürfen, um die Wahrheit zu ergreifen; also müssen wir Ereignisse *planend erfinden* und Beobachtungsinhalte ersinnen. Mit John Dees Worten muß der Naturforscher zum «Bogenschützen» werden, der die Erfahrung *überspannt*. «Elektrisieren» von Bernstein durch Reiben und die Mitteilung magnetischer Eigenschaften vom Magneteisenstein an eiserne Nägel: dies sind gute Beispiele für die von Bacon befürworteten Experimente. Ein weiteres: Wir wissen, was geschieht, wenn wir vergorene Flüssigkeiten einmal destillieren; was aber passiert, wenn wir es zweimal tun? Nur indem wir auf solche Weise experimentieren, können wir den majestätischen Stapel aus Tatsacheninformationen erbauen, der, nach dem Mißverständnis des Kanons der induktiven Wissensgewinnung (vgl. Kap. 11), unser Naturverständnis notwendig anwachsen läßt.

Vielleicht war die Hartnäckigkeit, mit der auf solche Weise experimentiert wurde – oftmals nicht ohne schmutzigmachende Handreichungen oder gar beleidigende Gerüche –, die Ursache, warum die Naturwissenschaftler von oben herab angesehen wurden.

Das Aristotelische Experiment. Um diese zweite Art des Experimentierens zu erklären, folge ich Joseph Glanvill. Auch diese Art Versuch folgt einer Planung – mit der Absicht, die Richtigkeit einer zuvor gefaßten Idee aufzuzeigen oder ein wohlüberlegtes Lehrstück aufzuführen: Man berühre den Nervus sciaticus des Frosches mit Elektroden, und siehe, das Bein hüpft; man lasse, immer wenn der Hund sein Futter bekommt, kurz zuvor eine Glocke ertönen, und siehe, bald läßt die Glocke allein den Speichel fließen. Glanvill zeigte, so wie viele Mitglieder der Royal Society seiner Zeit, die größte Verachtung für Aristoteles, dessen Lehren er als Haupthindernis auf dem Wege des Erkenntnisfortschritts verstand. In *Plus Ultra* schrieb er über derartige Experimente so: «Aristoteles ... wandte das Experiment nicht zum Zwecke der Theoriebildung an; erst nachdem er seine Theorien willkürlich errichtet hatte, verschlug er sich darauf, Bestätigungen für seine mißlichen Behauptungen aus Experimenten herauszupressen.»

Das Galileische Experiment. Heute verwenden die Wissenschaftler das Wort «Experiment» weder im Baconschen noch im Aristotelischen Sinne, sondern nach Art des Galilei.

Das Galileische Experiment ist das Experimentum crucis: Es entscheidet zwischen Möglichkeiten und gibt uns damit entweder Vertrauen zu unserer Ansicht oder veranlaßt uns zu deren nun notwendiger Korrektur.

Daß Galilei in Pisa zur Welt kam, läßt unvermeidlich

jedermann annehmen, seine wahrhaft kritischen Experimente über die Fallbeschleunigung wären, mit den verschieden schweren Kanonenkugeln, am Schiefen Turm ausgeführt worden. In Wirklichkeit fanden sie ohne Gefährdung von Leben statt.

Galileo betrachtete diese Art Experiment als Gottesurteil *(il cimento)*, dem wir unsere Hypothesen, oder was aus ihnen folgt, unterwerfen.

Wegen der weiter unten dargelegten Beweisasymmetrie werden Experimente sehr oft nicht so angelegt, daß sie etwas als wahr *beweisen* – dies wäre ein hoffnungsloses Unterfangen –, sondern vielmehr so, daß sie die «Nullhypothese» widerlegen. Wie Karl Popper gezeigt hat, kann die Mehrzahl allgemeiner Gesetze so gedeutet werden, daß sie das Auftreten bestimmter Phänomene oder Ereignisse *verbieten* beziehungsweise ihnen die Existenz absprechen. So behauptet das «Gesetz der Biogenese», daß alles Lebendige von Lebendigem abstammt und immer abgestammt hat; es kann daher so ausgelegt werden, daß es die Spontanzeugung verbietet, die seit den brillanten Experimenten Louis Pasteurs an Fäulnisbakterien äußerst zweifelhaft ist. Gleichermaßen verbietet der Zweite Hauptsatz der Thermodynamik eine Vielzahl von Phänomenen, die selbst unter der Toleranz unserer Tage nicht auftreten. Alle vom Zweiten Hauptsatz verfügten Verbote sind lediglich Varianten des Prinzips, welches von der äußersten Unwahrscheinlichkeit spricht, daß etwas von einem wahrscheinlicheren Zustand spontan in einen unwahrscheinlicheren übergeht. Diese Verbote schließen unseligerweise viele plausible und nützlich anmutende Entwürfe für selbstversorgende Kraftmaschinen oder das Perpetuum mobile ein sowie auch, daß ein halber Hektoliter lauwarmen Badewassers dazu herhalten könnte, ein paar Tassen Kaffee zu kochen, und so weiter.

Diese Möglichkeit, die meisten Hypothesen in eine negative Form umzumünzen, erklärt, warum so viele Experimente eine Nullhypothese zu widerlegen suchen – die die Richtigkeit der eigentlich untersuchten Hypothese leugnet. Dasselbe Prinzip gilt für viele statistische Tests, für die ein Beispiel von R. A. Fischer für alle anderen eintreten mag: Eine Teetrinkerin, die sich anheischig macht, immer angeben zu können, ob die Milch zuerst oder zuletzt in die Tasse kam, wird dem *cimento* unterworfen, wobei die Nullhypothese lautet, die Zahl ihrer richtigen und falschen Vermutungen sei so gut wie immer allein dem Zufall zu danken.

Wiewohl all diese verschiedenen Betrachtungen auf logische Manier angestellt zu werden vermögen, greifen die meisten Wissenschaftler sie so rasch und so natürlich auf, daß sie beinahe instinktmäßig den Weg durch ihre Arbeit zu nehmen scheinen. Selten wird von Experimenten gesagt, sie würden die fragliche Hypothese «beweisen», denn eine langjährige Erfahrung in der Fehlbarkeit des Menschen hat die Wissenschaftler gelehrt, zu sagen, daß ihre experimentellen Befunde oder Analysen mit den experimentell geprüften Hypothesen «konsistent» seien – oder nicht.

Niemals darf ein Experiment ohne eine klare Vorstellung begonnen werden, welche Formen seine Ergebnisse annehmen *könnten*. Denn solange die Hypothese nicht die Gesamtzahl der im Universum möglichen Ereignisse oder Ereignisverbindungen einschränkt, wird ein Experiment keinerlei Information liefern. Ist eine Hypothese völlig einschränkungslos – also von der Art, daß *alles* geht –, dann werden wir mit ihr nicht klüger. Eine *total* uneingeschränkte Hypothese besagt nichts.

Das «Ergebnis» eines Experiments umfaßt niemals die *Gesamtheit der Daten*; es besteht fast stets in der *Differenz* zwischen zumindest zwei Gruppen von Beobachtungsdaten. In einem einfachen monovariaten Experiment werden die zwei Datengruppen das «Experiment» und das «Kontrollexperiment» genannt. Im ersteren ist der zu untersuchende Faktor zur Anwesenheit beziehungsweise zur Wirksamkeit gebracht, im letzteren nicht. Das experimentelle «Ergebnis» ist sodann die Differenz zwischen den Ablesungen oder Auszählungen im Experiment einerseits und im Kontrollexperiment andererseits. Ein ohne Kontrolle durchgeführtes Experiment entspricht den Galileischen Anforderungen nicht, kann sich aber immer noch als Experiment im Baconschen Stil ausweisen, das heißt als mäßig geplantes Spiel der Natur, wiewohl als kein sonderlich belehrendes. Wenn ein Experiment kritisch sein soll, sind Klarheit des experimentellen Plans und Genauigkeit in der Durchführung anzustreben.

Es ist eine verbreitete Schwäche – eine, unter der ich selbst gelitten habe –, sich in eine Hypothese zu verlieben und ein dagegensprechendes Nein abzuwehren. Die Affäre mit einer Lieblingshypothese kann kostbare Jahre kosten. Oftmals gibt es kein definitives Ja, obzwar sich sehr wohl ein entscheidendes Nein einstellen könnte.

Das Kantische Experiment. Mit dem Baconschen, dem Aristotelischen und dem Galileischen Experiment sind die Möglichkeiten nicht erschöpft. Es gibt auch Gedankenexperimente. «Kantisches Experiment» habe ich diese Art genannt, zu Ehren der atemberaubendsten theoretischen Großtat der Philosophiegeschichte: Kants Vorschlag nämlich, statt nach der gewöhnlichen Überzeugung anzunehmen, unsere Erscheinungen seien von «Objekten» gestaltet – also vom Wahrgenommenen –, sollten wir den Standpunkt einnehmen, die Welt der Erfahrung werde von den in unserem Sinnesvermögen angelegten Eigenschaften geformt. «Dieser Versuch gelingt nach Wunsch», konstatiert Kant mit Selbstgefallen; und so kam er zur Formulierung seiner bekannten Überzeugung, daß es Erkenntnis a priori – von aller Erfahrung unabhängige Erkenntnis – gibt. Er setzt auseinander, daß sowohl Raum wie Zeit *Formen* der Anschauung und als solche lediglich «Bedingungen für die Existenz von Dingen als Erscheinungen» sind. Ehe ein Naturwissenschaftler dies als reine metaphysische Phantasterei abtut, sollte er sich daran erinnern, daß die Sinnesphysiologie der Tendenz nach mehr und mehr kantianisch wird.[31] Ein weiteres berühmtes Kantisches Experiment läßt die bekannten nichteuklidischen Geometrien entstehen (die hyperbolische, die elliptische Geometrie), indem es das Euklidsche Parallelenaxiom (oder was diesem entspricht) durch Alternativen ersetzt. Die demographische und die ökonomische Projektion bilden weitere Beispiele für Kantisches Experimentieren: «Sehen wir nach, was folgt, wenn wir einen etwas abweichenden Standpunkt einnehmen...»

Das Kantische Experimentieren bedarf keines besonderen experimentellen Apparats, es sei denn hie und da eines Computers. Die für die Naturwissenschaften charakteristischen Formen des Experimentierens sind die Baconsche und die Galileische; auf diesen beruht, so kann man sagen, die gesamte Naturwissenschaft. In der Geschichtswissenschaft, in der Verhaltenswissenschaft und allgemein in den beschreibenden Wissenschaften münden die Untersuchungen normalerweise in die Formulierung von Urteilen ein, und was aus ihnen folgt, kann entweder in soziologischen Felderhebungen, durch Karbondatierung, durch gegenständliche Erhebungen, durch Bezugnahme auf historische Dokumente geprüft werden oder indem ein Teleskop auf einen vorausbestimmten Himmelspunkt gerichtet wird. All dies geschieht im Geiste Galileis, das heißt, es handelt sich um die kritische Bewertung von Ideen.

Der Nutzen des Galileischen Experimentierens liegt darin, daß es uns vor dem philosophisch schmachvollen, unnötigen Beharren im Irrtum bewahrt (der ständig fortgeführte Korrekturvorgang wird in Kap. 11 ausführlich behandelt). Jeder erfahrene Wissenschaftler weiß in seinem Herzen, wie ein gutes Experiment aussieht. Es ist nicht einfach sinnreich oder nur technisch gut durchgeführt – es hat die Schärfe eines Messers: Eine Hypothese ist fein heraus, wenn sie es überlebt hat. Daher liegt der Verdienst eines Experiments grundsätzlich in seiner Planung und in der kritischen Haltung bei seiner Ausführung.

Nur manchmal bedarf es komplizierter und teurer Apparaturen. Allerdings sollte sich niemand zu der romantischen Vorstellung verleiten lassen, daß jeder des Namens würdige Wissenschaftler ein Experiment mit nicht mehr Vorkehrungen als einem Strick, etwas Siegellack und ein paar leeren Blechdosen durchführen könne. Keine Methode ist denkbar, mit der ein Sedimentbildungskoeffizient mittels einer Blechdose und eines Stricks zu erheben wäre, es wäre denn jemand imstande, die Dose mehr als tausendmal pro Sekunde um seinen Kopf zu schwingen[32]. Andererseits müssen sich Wissenschaftler bezüglich der Kosten und Kompliziertheit der instrumentellen Ausrüstung, die sie für unabdinglich halten, in Besonnenheit üben. Ehe ein Wissenschaftler kostenträchtige Anlagen requiriert und Tag und Nacht die Kollegen rekrutiert, sollte er ganz sichergehen, daß sein Experiment die Ausführung wert ist. Treffend heißt es: «Wenn ein Experiment die Durchführung nicht verdient, so verdient es auch nicht, daß es gutgeht.»

Entdeckungen

Es gibt also viele verschiedene Arten von Experimenten. Ebenso ist es mit den Entdeckungen. Die eine Entdeckung *sieht so aus*, als wäre sie lediglich ein Erkennen oder Auffassen dessen, was natürlich geschieht. Sie ist eine Lehre, die durch bescheidenes Aufmerken angenommen wird. Sie steht im Geruch, nichts weiter als ein «Aufdecken» zu sein, so daß nun offenliegt, was immer schon da war und nur darauf wartete, gesehen zu werden. Ich persönlich halte es für einen Irrtum, zu glauben, es sei je eine Entdeckung auf solche Art gemacht worden. Ich meine, Pasteur und Fontenelle (s. Kap. 11) hätten mir darin zugestimmt, daß dazu der Geist bereits auf der richtigen Wellenlänge sein muß, was nichts anderes besagt, als daß alle diese Entdeckungen mit einer verborgenen Hypothese anfangen – das heißt als vorausnehmende Vorstellungen oder Erwartungen, das Wesen der Welt betreffend, und nicht durch bloße passive Assimilation des sinnlich Gegebenen. Es kann natürlich vorkommen, daß erst das emsige Sammeln von Informationen eine Hypothese Form annehmen läßt. Darwins Briefe zeigen, daß er sich im Glauben, ein «wahrer Baconianer» zu sein, selbst täuschte.

Auch eine scheinbar so einfache Entdeckung wie die eines Fossils ist häufig erst das Ergebnis einer untergründigen Hypothesenbildung – denn wie sonst sollte jemand fossile Überreste zweimal ansehen und sie vielleicht mitnehmen, um sie später eingehender zu mustern? Doch wie paßt eine so bemerkenswerte Entdeckung wie die des «lebenden Fossils» – des Fisches *Coelacanthus latimeria* – in dieses Bild? Das Eindrucksvolle an dieser Entdeckung war dies: Fossilien – zum Beispiel vom Lungenfisch – werden zumeist erst entdeckt, *nachdem* ihre lebenden Abkömmlinge erkannt und beschrieben worden sind. Höchst selten wird ein Fossil eher als sein lebender Verwandter entdeckt, wie es beim *Latimeria* geschah. Darum wirkte seine Entdeckung wie ein privilegierter und in mancher Weise ängstigender Einblick in die Welt vor vielen, vielen Millionen Jahren.

Ich halte es für nützlich, zwischen synthetischen und analytischen Entdeckungen, obwohl nach meiner Meinung beiden dieselben Denkakte zugrunde liegen, einen wesentlichen Unterschied zu machen. Eine synthetische Entdeckung ist immer das erste Erkennen eines zuvor unbekannten Ereignisses, Phänomens, Vorgangs oder Zustands. Die meisten aufregenden Entdeckungen der Wissenschaft, die tiefgehenden Einfluß hatten, fallen unter diese Rubrik. Es ist charakteristisch für synthetische Entdeckungen, daß keine Notwendigkeit besteht, daß sie hier und jetzt gemacht werden – daß sie, zumindest in der Vorstellung, nie hätten zustande kommen können. Vielleicht flößen sie uns deshalb solche Ehrfurcht ein.

Mein Lieblingsbeispiel für diese Spezies ist die von Fred Griffith gemachte Entdeckung des Phänomens der Typenänderung der Pneumokokken[33], welche die moderne Molekulargenetik ins Leben rief. Es stellte sich heraus, daß die abgestorbenen Pneumokokken, die in Griffiths berühmtem Experiment einige ihrer Eigenschaften auf die lebenden Pneumokokken übertrugen, gar nicht gesund und intakt zu sein brauchten, weil Extrakte von ihnen die gleichen Wirkungen zeitigten. Irgendeine bestimmte chemische Zusammensetzung war für die Übertragung verantwortlich. Es war eine der großen Episoden der modernen Wissenschaftsgeschichte, als Avery, McLoed and McCarty zeigen konnten, daß es sich dabei um die Desoxyribonukleinsäure (DNS) handelte. Sie als «analytisch» zu bezeichnen verkleinert die Entdeckung in keiner Weise, denn in ihr triumphierten Intuition und experimentelle Geschicklichkeit.

Was eine analytische Entdeckung sei, kann auch mit der folgenden Ideenkette versinnbildlicht werden, die zur Entdeckung der Struktur der DNS führte. Seit W. T. Astbury die ersten Röntgenkristallographien der DNS veröffentlichte, war, so unvollkommen sie auch schienen, zu erkennen, daß die DNS eine kristalline Struktur besitzt, wahrscheinlich iterierend oder nach Art der Polymere. Die Entdeckung dieser Struktur war das Ergebnis eines intellektuellen Prozesses, der in Kapitel 11 beschrieben ist, das heißt: das Ergebnis eines fortgesetzten Dialogs zwischen Mutmaßung und Widerlegung. Allerdings ist die Unterscheidung zwischen «synthetisch» und «analytisch» nicht streng, denn bei der Entdeckung der DNS-Struktur gab es sowohl einen analytischen wie auch einen synthetischen Anteil. Der letztere bestand darin, daß die Struktur gerade geeignet war, um mit ihr die genetische Information zu kodieren und zu übertragen. Dies war vielleicht die größere Entdeckung. Und während ich sie «die größere» nenne, spreche ich im Sinne der verbreiteten Annahme, wonach die Wissenschaftler die synthetischen Entdeckungen – solche also, die bislang unbekannte Welten eröffnen –, brennend gern machen würden.

Es wäre aber falsch, von den Entdeckungen zuviel herzumachen. Die größten Fortschritte sind der modernen Biologie aus der gespannten und unermüdlichen Untersuchung der Eigenschaften eines einzelnen biologischen Phänomens oder eines einzelnen biologischen «Systems» erwachsen. So war es mit der Pneumokokkenumwandlung und mit der Proteinsynthese der *Escherichia coli*, welche die Stufenfolge erkennen ließ, mit der die Struktur der Nukleinsäure auf die Struktur eines Proteins abgebildet wird. So wird es wieder sein, vermute ich, mit der ins einzelne gehenden Abbildung der Zelloberfläche, soweit es die Histokompatibilitäts-Antigene betrifft. Eine einzelne Entdeckung hat hier weniger Gewicht als die tiefgehende Analyse, die schließlich die molekulare Grundlage der Zellspezifität erkennbar macht und zur Erklärung beiträgt, warum bei der Entwicklung einige Zellen vorzugsweise hierhin und nicht dorthin wandern und warum einige beisammen bleiben, obwohl andere auseinanderstreben. Eine tiefere Analyse, wie sie die Molekularbiologie betreibt, wird eines Tages detaillierte Aufstellungen von Molekülspezifizierungen zur Synthese eines Enzyms oder einer Enzymkaskade erlauben, die, sagen wir, Polyäthylen zersetzt, und dies könnte den von Zellüberresten okkupierten Oberflächenanteil der Erde vermindern.

Aus diesen Gründen soll sich ein junger Wissenschaftler nicht entmutigen lassen, wenn sein Name dereinst nicht im Zusammenhang mit einem Naturgesetz, einem Phänomen oder einer Krankheit genannt wird. Wie überzogen die Bedeutung von Entdeckungen auch sein mag – kein junger Wissenschaftler soll denken, daß er sich einen Ruf schafft oder einen höheren Rang gewinnt, nur indem er Information zusammenträgt – besonders solche, die niemand wünscht. Wenn er aber die Welt irgendwie – ob auf theoretischem oder auf experimentellem Wege – verstehbarer macht, hat er sich die Dankbarkeit und die Achtung seiner Kollegen verdient.

10
Preise und Auszeichnungen

Wissenschaftler stehen wie Sportler und Schriftsteller im Wettbewerb um eine ganze Reihe von Preisen und anderen Auszeichnungen.

Ich kannte einen Wissenschaftler, der keine Gelegenheit versäumte, mir sein Mißfallen über solche Ärger erregenden Differenzierungen kundzutun, die nach Elitarismus röchen: Klassen aufreißende Ideenveranstaltungen, wonach einige Leute bezüglich einiger Dinge besser seien als andere. Als aber die Gelegenheit zu seiner eigenen Ernennung zum Mitglied der Royal

Society heranrückte, trat er keineswegs zurück. Und obzwar der große Mathematiker G. H. Hardy in einer seiner olympischen Anwandlungen sich auf die Royal Society als auf «ein vergleichsweise bescheidenes Qualitätsniveau» bezog, sind ihre Mitglieder hochangesehen und die Mitgliedschaft eine lebhaft erstrebte Auszeichnung für glänzende wissenschaftliche Arbeit. Die normale Mitgliedschaft beschränkt sich auf Bürger Großbritanniens, die Ehrenmitgliedschaft überstreicht jedoch einen größeren Kreis.

Ein gewähltes Mitglied der Royal Society wird aufgefordert, sich in ein Buch einzutragen, das die Unterschriften vieler überragender Gestalten der Wissenschaftsgeschichte beinhaltet. Ein neues Mitglied kann in der Tat frohlocken, sich in einer Gesellschaft wiederzufinden, zu der Isaac Newton, Robert Boyle, Christopher Wren, Michael Faraday, Humphrey Davy, James Clerk Maxwell, Benjamin Franklin und Josiah Willard Gibbs zählten.

Die Geschichte der Royal Society geht auf die Tage der großen geistigen Revolution[34] zurück, welche die moderne Welt einleitete. Ganz anders ist es mit dem Nobelpreis, aus dem einfachen und hinreichenden Grunde nämlich, daß die Mehrzahl der allergrößten Wissenschaftler lebte, lange bevor Alfred Nobel den Kunstgriff fand, die Salpetersäure-Ester der mehrwertigen Alkohole (insbesondere des Glyceryltrinitrats) zu stabilisieren, und den Preis mit dem Ertrag seiner Erfindung ausstattete[35]. Der Nobelpreis verdankte seine große Popularität vielerlei: der Genugtuung der Öffentlichkeit über das mit der Stiftung gegebene sühnende Element; der großartigen Verleihungszeremonie; der Höhe der Summe, die den Besitzer wechselt; und der echten Anerkennung, die sich mit dem Preis verbindet. Aber – und dies ist, wie ich meine, der einzig triftige Grund gegen derartige Auszeichnungen – alle Wahlvorgänge sind fehlbar. Und wenn ein Wissenschaftler eine Auszeichnung nicht erringt, der er echt würdig ist und der er sich selbst würdig fühlt, so ist dies nicht allein größere Unzufriedenheit zu erzeugen geeignet, sondern stellt auch eine persönliche Beeinträchtigung für jene dar, deren Lebensunterhalt und deren Forschungsfinanzierung dem Urteil von Leuten unterliegen (beispielsweise Ministerialdirigenten), denen unter Umständen nicht klar ist, wie überaus viele Wissenschaftler, wiewohl sie es verdienten, nicht Mitglied der Royal Society of London oder anderer vergleichbarer Körperschaften sind. Dies trifft auch auf den Nobelpreis zu, obgleich hier nicht leicht dieselbe Sympathie mitschwingt, denn wer zwar nicht Nobelpreisträger ist, aber dennoch so weit vorn liegt, daß er als Mitbewerber gilt, leidet vermutlich nicht so sehr unter Mangel an Forschungsgeldern.

Der Mann von der Straße meint, es sei «schlecht» für junge Leute, wenn sie zu früh zu Erfolg kommen: Zu viele Preise und eine zu glänzende Schullaufbahn prophezeien nichts Gutes, werden wir da belehrt. «Ich fürchte, ich war in der Schule keine große Leuchte», erklärt der großtuerische Dummkopf und weist die Auszeichnungen zurück, um anzudeuten, daß *ihm* das angesichts seiner anderen viel preiswürdigeren Fähigkeiten überhaupt nichts ausmacht.

Die angebliche Korrelation zwischen frühem Erfolg und späterem Mißerfolg ergibt sich, wie ich argwöhne, aus einem der Tricks des selektiven Gedächtnisses, auf das ich an anderer Stelle Bezug nahm: Unter allen, die zu Staub geworden sind, erinnern wir uns der goldenen Jungen und Mädel am ehesten. Wenn sie Erfolg haben – ja freilich, das war ja zu erwarten, und also erinnern wir uns nur, wenn sie versagt haben.

Ich habe die dunklere Seite der Preise und Auszeichnungen betont, aber es gibt auch eine strahlende Seite: Alle Wahlveranstaltungen und Ernennungen sind die Folge des richtigen Glaubens, Wissenschaftler seien besonders begierig auf – die Wertschätzung seitens ihresgleichen! Wenn gute Wissenschaftler eine Auszeichnung erhalten, dann stärkt es ihre Moral; das Zutrauen und die Achtung anderer beflügelt ihre Forschungsarbeit und macht sie nur um so besser. Höchstwahrscheinlich wird der Preisträger dann auch allen zeigen wollen, daß seine Ernennung kein bloßer Zufall war.

So gesehen, sind Auszeichnungen insgesamt zu begrüßen, aber mitunter haben sie unseligerweise schlechte Auswirkungen: Ich erinnere mich, wie ein graduierter Kommilitone und ich in Oxford einander mit betretener Stimme von einer Respektsperson der Universität erzählten, die gesagt hatte: «Sobald ich in der Royal bin, gebe ich den Forschungskram auf.» Es gleicht der sonst von Dichtern geübten Gerechtigkeit, daß er nie Gelegenheit bekam, seinen unwürdigen Ehrgeiz zu bewahrheiten.

Natürlich wird manchem von solchen Auszeichnungen der Kopf verdreht, und es gibt Nobelpreisträger, die die Forschung aufgeben und ihre Zeit damit hinbringen, rund um die Welt Konferenzen zu besuchen und sie hin und wieder auch mit Themen wie «Wissenschaft», «Menschheit», «Werte» und «Menschliches Streben» (oder mit jeder anderen derartigen Aneinanderreihung abstrakter Begriffe) anzusprechen. Die Eitelkeit dieser Laureaten entzündet sich beständig an den Einladungen, unter gewisse Erklärungen ihre Unterschrift zu setzen, womit sie zu deren Annahme allererst den Ausschlag geben – etwa dieser Art: «Die Völker der Welt sollen von nun an in Freundschaft und Eintracht zusammenleben und dem Krieg als Mittel zur Bereinigung politischer Meinungsverschiedenheiten abschwören.»

Ist es möglich, daß eine beträchtliche Zahl von Menschen eine gegenteilige Meinung pflegt, ihr Urteil aber so lange in der Schwebe hält, bis die Unterschriften von fünfzig Nobelpreisträgern sie überzeugt, daß sie recht hatte? Das gehört freilich zur menschlichen Komödie; trotzdem kann der übertriebene Respekt vor dem Preisträger auch zum Nutzen gewendet werden – besonders wenn er Menschen befreit, die, um ihres Gewissens willen, Gefangene der Tyrannei sind; darin ist Amnesty International besonders aktiv geworden.

Glücklicherweise läßt sich für wissenschaftliche Ehrungen arbeiten, wie man für ein Examen arbeitet. Ein junger Wissenschaftler kann nur hoffen, seine Arbeit sei gut genug, um ihm eines Tages einen Platz unter den Kandidaten für derartige Auszeichnungen zu bereiten.

An diesem Ehrgeiz ist nichts Unehrenhaftes; und daß junge Wissenschaftler ihn pflegen, war zumeist der Hauptzweck, den die Initiatoren eines Preises im Auge hatten.

11
Der Wissenschaftsprozeß

«Je cherche à comprendre.»
Jacques Monod

Wie fangen die Wissenschaftler es an, wenn sie Entdeckungen machen, wenn sie «Gesetze» vorlegen oder auf andere Weise die Erkenntnisse des Menschengeschlechts vermehren? Die konventionelle Antwort – «durch Beobachtung und Experiment» – ist sicherlich nicht falsch, aber sie bedarf einer zurückhaltenden Auslegung. Beobachtung ist nicht etwa passives Aufnehmen von sensorischer Information, bloße Kopie des sinnlich offen Daliegenden; und das Experiment beschränkt sich nicht allein auf die Art, die ich in Kapitel 9 als Baconsches Experiment klassifizierte. Mit anderen Worten: Beobachtung und Experiment bedeuten die Veranstaltung von Phänomenen oder das Zusammenbringen von Ereignissen, die in der Natur nicht von selbst auftreten. Die Beobachtung ist ein kritischer und zielgerichteter Vorgang; wissenschaftliche Gründe bestimmen, warum die eine Beobachtung gemacht wird und die andere nicht. Der Wissenschaftler untersucht immer nur einen kleinen Ausschnitt aus dem Gesamtbereich möglicher Beobachtungsgegenstände. Auch das Experiment besteht in einem kritischen Vorgang, indem es nämlich zwischen Möglichkeiten entscheidet und dem weiteren Nachdenken die Richtung gibt.

Sagen wir, ein junger Wissenschaftler besitzt nun endlich rund einen Meter Arbeitstisch, einen weißen Mantel, die Berechtigung, die Bibliothek zu benutzen, und ein Problem, das er sich selbst ausgedacht hat oder das ihm ein Professor zur Durchsicht vorgelegt hat. Zu Anfang jedenfalls ist es mit einiger Sicherheit ein kleineres Problem – eines, dessen Erledigung die Lösung von etwas Wichtigerem erleichtern soll, und so fort, bis das Langzeitziel eines Forschungsunternehmens sichtbar wird. Nichtwissenschaftler vermögen die Verbindung zwischen den kleineren und den größeren Problemen nicht ohne weiteres zu sehen. Oft muß es dem Geisteswissenschaftler, der das schwarze Brett der naturwissenschaftlichen Fakultät im einzelnen mustert, erscheinen, als beschäftigten sich deren junge Wissenschaftler mit wunderlich spezialisierten Aufgaben. Umgekehrt könnte sich ein Naturwissenschaftler ebensowohl fragen, was es sein mag, das einen erwachsenen Mann dazu bringt, die Kirchturmpolitik von Landgraf Philipp unter die Lupe zu nehmen; denn er erkennt nicht, daß diese Untersuchung sich insgesamt auf die Reformation bezieht, die nun wirklich eine bedeutende Angelegenheit war.

Was aber *tut* ein Wissenschaftler zur Lösung seines Problems? Er kann absolut sicher sein, daß keine Ansammlung von Tatsachenmaterial allein schon seinem Zwecke dient.[36] Aus dem Faktenhaufen tönt keine Stimme und sagt: Ich bin die neue Wahrheit. Gewiß, Bacon und Comenius und sogar Condorcet (s. u.) äußern sich unter anderem so, als hielten sie es für möglich, das Sammeln und Ordnen empirischer Befunde führe zur Naturerkenntnis. Darin ließen sie sich aber von einer ziemlich eigentümlichen Ansicht leiten: Sie fühlten eine starke Verpflichtung, den Gedanken zu verwerfen, wonach die *Deduktion* ein Geistesakt wäre, der zur Entdeckung neuer Wahrheiten führen könnte, daß also die Verstandestätigkeit allein die Erkenntnis zu vermehren vermöchte. Das philosophische und das wissenschaftliche Schrifttum des siebzehnten Jahrhunderts – zumal beispielsweise die Schriften Bacons, Boyles und Glanvills – sind voll von ablehnenden Bezugnahmen auf die aristotelische Denkweise, in deren Tradition sie doch alle aufgewachsen waren.

Bacons Dringen auf Beobachtung und Experiment gibt allerdings nicht schon seine ganze Wissenschaftstheorie wieder. Er propagierte zudem eine Anzahl von Regeln, um die Wahrheit der Dinge zu finden; diese Regeln sind im wesentlichen denen ähnlich, die zweihundert Jahre später John Stuart Mill in seinem *System of Logic* als Erkenntnisregeln vortrug. Diese Induktionsregeln lassen sich nur unter besonderen Umständen anwenden: wenn uns die für die Lösung unseres Problems maßgebenden Fakten sämtlich und ausschließlich vorliegen – die ganze Wahrheit und nichts sonst. Lassen wir uns also zur Begründung der heftigen Erkrankung eines Mittagstischgenossen auf eine epidemiologische Übung ein: Uns ist bekannt, was gegessen und getrunken wurde, daß alle gesund und munter zu Tisch saßen und, mit Ausnahme des Opfers, gesund geblieben sind. Auf dieser Grundlage sind die sogenannten Induktionsregeln anwendbar. Was ohne Unterschied alle gegessen haben, kann nicht ohne weiteres für die Erkrankung nur eines Tischgenossen verantwortlich gemacht werden, ebensowenig ein Gericht, das alle abgelehnt haben. Allein das Opfer, so stellt sich heraus, hat die Milchweincreme zu sich genommen. Nur ein singuläres Risiko vermag das singuläre Mißgeschick des Opfers zu erklären. Solche einfachen Fingerübungen in der elementaren Logik und im gesunden Menschenverstand verdienen es kaum, daß Bacon sie durch seine langen Namensgebungen würdigt. In den Augen solcher Männer wie Mill und Bacon begründet sich die Faktenjagd damit, daß sie die Wissenschaftler in den Besitz der Tatsachen bringt, auf deren Grundlage ein derartiger Erkenntniskalkül anwendbar ist.

Im wirklichen Leben geht es so nicht zu. Die *Wahrheit* in der Natur ist nicht bereit, sich von selbst zu erklären, und wir können auch nicht a priori wissen, welche

Beobachtungen relevant sind und welche nicht. Jede Entdeckung, jede Erkenntnisvermehrung hebt mit einer vorwegnehmenden Vorstellung vom Wahren an. Diese vorwegnehmende Vorstellung – die «Hypothese» – entsteht in einem Vorgang, der so leicht oder so schwer zu verstehen ist wie jeder andere schöpferische Akt: als Gehirnwelle, als inspirierte Vermutung, als Ergebnis einer Erleuchtung. Sie kommt jedenfalls von innen und läßt sich nicht herbeizwingen, indem irgendein bekannter Erkenntniskalkül abgespult wird. Eine Hypothese ist eine Art Gesetzesentwurf, bezogen darauf, wie die Welt – oder ein bestimmter interessierender Ausschnitt davon – beschaffen sein könnte; im weiteren Sinne kann sie in einer mechanischen Erfindung bestehen, als materialisierte Hypothese also, deren Prüfstein ihre Leistung ist.

So besteht das Alltagsgeschäft der Wissenschaft nicht in der Faktenjagd, sondern in der Sicherung von Hypothesen, das heißt im Prüfen, ob sie, oder was aus ihnen logisch folgt, auf die lebendige Wirklichkeit zutreffen oder, wenn es sich um Erfindungen handelt, ob sie funktionieren oder nicht. Nach Galilei, in dessen Sinne (s. Kap. 9), wie ich schon sagte, das Wort «Experiment» heute überall verwendet wird, sind Experimente Handlungen zur Prüfung von Hypothesen.

Im Ergebnis besteht die Wissenschaft in einem logisch verbundenen Theoriennetzwerk, das unsere gegenwärtige Überzeugung von der Beschaffenheit der natürlichen Welt wiedergibt.

Sobald er eine zu bearbeitende Hypothese besitzt, befindet sich der Wissenschaftler im Geschäft. Die

Hypothese leitet ihn, wenn er bestimmte Beobachtungen anderen vorzieht, und bewegt ihn zu Experimenten, die anders nicht zustande gekommen wären. Mit wachsender Erfahrung erkennt der Wissenschaftler die gute Hypothese bald an ihren Eigenschaften. Wie in Kapitel 9 dargelegt, lassen sich fast alle Gesetze und Hypothesen so auslegen, daß sie bestimmte Phänomene *verbieten* (das von mir gegebene Beispiel war, daß das Gesetz der Biogenese die Spontanzeugung verbietet). Es ist einsichtig, daß eine so weitgefaßte Hypothese, daß in ihr *jegliches* Phänomen unterzubringen ist, uns, präzise gesprochen, nichts sagt: Aber je mehr Phänomene sie verbietet, um so informativer ist sie.

Ferner muß eine gute Hypothese auch die Eigenschaft *logischer Unmittelbarkeit* besitzen, womit ich meine, sie müsse eine ziemlich genaue Erklärung dessen sein, was gerade erklärt werden soll, und nicht auch nebenher eine große Zahl anderer Phänomene erklären wollen. Denn es ist zwar nicht falsch, aber doch zugleich auch nicht sonderlich hilfreich, die Addisonsche Krankheit oder den Kretinismus als Folge einer «Fehlfunktion des hormonalen Drüsensystems» zu deuten. Der große Vorteil einer Hypothese von logischer Unmittelbarkeit liegt darin, daß sie mit verhältnismäßig direkten und praktikablen Mitteln prüfbar ist, das heißt, ohne daß ein neues Forschungsinstitut gegründet oder eine Reise ins All gestartet werden muß. Ein Großteil der «art of the soluble» – der Kunst des Lösbaren – besteht im Finden von Hypothesen, die vermöge praktikabler Experimente prüfbar sind.

Ein Großteil des Alltagsgeschäfts der empirischen

Wissenschaften besteht in der experimentellen Prüfung der logischen Folgen von Hypothesen, das heißt der Konsequenzen, die entstünden, wenn man einmal annimmt, sie träfen zu. Das von mir als kritisch oder Galileisch benannte Experiment gibt der weiteren Spekulation Richtung: Ein experimentelles Ergebnis steht mit der befragten Hypothese entweder im Einklang, so daß diese, während andere, tiefer vordringende Tests in Planung sind, erst einmal zur Bewährung beibehalten wird. Oder die Hypothese ist, wenn ihr das Ergebnis widerspricht, zu revidieren und im Extremfall überhaupt fallenzulassen, worauf der Dialog neu ansetzen muß. Der hier gemeinte Dialog geht zwischen dem Möglichen und dem Wirklichen hin und her, zwischen dem, was wahr sein *könnte*, und dem, was der Fall ist: ein Dialog also zwischen zwei Stimmen, einer Stimme der Imagination und einer Stimme der Kritik, zwischen Mutmaßung und Widerlegung, wie Popper sagt.

Diese Verstandestätigkeiten charakterisieren *alle* Untersuchungsprozesse und beschränken sich gewiß nicht auf die Experimentalwissenschaften, denn im wesentlichen geht so auch der Anthropologe vor, der Soziologe oder der Arzt, der zu einer Diagnose kommen will. Auch der Mechaniker übt ebendiese Verstandestätigkeit, wenn er herauszufinden sucht, was dem Auto fehlt. Sie ist von der Faktenjagd des klassischen Induktivismus weit entfernt. Ein junger Wissenschaftler darf niemals sagen, er «deduziere» oder «schließe» auf Hypothesen; denn dies ist eine logische Frage von einiger Tragweite für die Art seines Vorgehens. Im Gegenteil ist es die Hypothese, *woraus* wir Behauptungen über Tatsachen deduzieren oder folgern, so daß, wie der große amerikanische Philosoph C. S. Peirce klar erkannte, der Prozeß, in dem wir eine Hypothese auszudenken suchen, aus der dann unsere Beobachtungen logisch folgen, die umgekehrte Form der Deduktion darstellt: Er prägte für diesen Prozeß die Namen «Retroduktion» und «Abduktion», doch keiner von beiden hat sich eingebürgert.

Einige Folgerungen aus diesen Ansichten

Feedback. Obwohl schon oft betont, schadet es doch nichts, wenn abermals betont wird: Hält man die Schlüsse, die wir aus einer Hypothese ziehen, für deren logische Produkte, so ist die Abänderung einer Hypothese, wie sie der Grad an Übereinstimmung zwischen ihrer Vorhersage und der Wirklichkeit befiehlt, nur wiederum ein Beispiel für das überall anzutreffende Prinzip des negativen Feedback (siehe «Falsifizierung» unten). Diese Parallele erinnert uns daran, daß die wissenschaftliche Forschung, wie andere Formen der Untersuchung, eigentlich ein kybernetischer Vorgang ist – ein Steuerungsprozeß –, ein Mittel, den Weg zu finden – und Vernunft! – in einer verwirrenden, komplizierten Umwelt.

Falsifizierung und Asymmetrie des Beweisens. Die

Asymmetrie des Beweisens zu erkennen ist Vorbedingung, wenn man das soeben dargelegte Schema (das hypothetisch-deduktive Schema) verstehen will.

Sehen wir ein einfaches Schlußverfahren aus der Klippschule der Logik an:

Obersatz: Alle Menschen sind sterblich.
Untersatz: Sokrates ist ein Mensch.
Schluß: Sokrates ist sterblich.

Die Deduktion bringt nach korrekter Ausführung des Syllogismus die vollständige und unbedingte Sicherheit mit sich, daß, solange die Prämissen wahr sind, auch die Conclusio wahr sein muß. Sokrates muß in der Tat sterblich sein, keine Frage. Aber es handelt sich um einen Vorgang in nur einer Richtung. Die Sterblichkeit des Sokrates – angenommen, die Geschichtsforschung bestätigt sie – gibt uns keine positive Sicherheit, er wäre ein Mensch oder seine Sterblichkeit wäre von der Art der Menschensterblichkeit gewesen. Schlußverfahren und Schluß blieben genauso verbindlich, wäre Sokrates ein Fisch und alle Fische sterblich. Wir vermögen jedoch mit völliger Sicherheit zu sagen, daß wir, wäre Sokrates *nicht* sterblich – das heißt, wäre der Schluß unwahr –, notwendig aus falschen Sätzen gefolgert haben: Entweder war also Sokrates kein Mensch, oder nicht alle Menschen sind sterblich.

Das Fazit aus dieser Asymmetrie des Schließens ist, daß die Falsifizierung logisch strenger ist als das, was die Leute unbedacht «Beweis» zu nennen pflegen. In der Tat redet ein Wissenschaftler nicht sonderlich oft mit vollständiger Sicherheit von «Beweis»; je erfahrener er ist, mit desto geringerer Wahrscheinlichkeit. Mit wachsender Erfahrung erkennen die Wissenschaftler besser und besser die besondere Stärke der Falsifikation und die Unsicherheit dessen, was die Anfänger «Beweis» nennen. Denn wie in Kapitel 9 (wo ein anderer Grund für diese Vorgehensweise vorgestellt wurde) erläutert, besteht ein wohlbekanntes Forschungsparadigma darin, die Nullhypothese zu untersuchen und gegebenenfalls zu widerlegen, die genau das Gegenteil der eigentlich zu bestätigenden Forschungshypothese behauptet. Aus all diesen Gründen erreicht keine wissenschaftliche Hypothese und keine wissenschaftliche Theorie jemals apodiktische Gewißheit, also niemals einen Sicherheitsgrad jenseits von Kritik und möglicher Umgestaltung.

Der Wissenschaftler ist also ein *Wahrheitssucher*. Die Wahrheit ist, wonach er verlangt, ist die Richtung, in die er den Blick wendet. Vollkommene Gewißheit liegt allerdings außerhalb seiner Reichweite, und viele Fragen, auf die er Antwort begehrt, liegen außerhalb des Bereichs der Naturwissenschaften. Die letzten Worte eines der größten Wissenschaftler des zwanzigsten Jahrhunderts, Jacques-Lucien Monod, die ich diesem Kapitel vorangestellt habe, formulieren einen Ehrgeiz, den ein Wissenschaftler immer erfüllen kann: Er kann zu verstehen versuchen.

Was ist eine wissenschaftliche Aussage? Wissenschaftler, die in Ausübung ihres Berufs wissenschaftliche Aussagen aufstellen, sind manchmal allzu bereit, andere der «Unwissenschaftlichkeit» zu bezichtigen. Daher wäre ein Kriterium nützlich, eine Demarkationslinie, die zwischen Behauptungen aus der Welt der Wissenschaft wie des gesunden Menschenverstandes und jenen zu unterscheiden erlaubt, die in irgendeiner anderen Welt abgehandelt werden.

Als die logischen Positivisten dieses Problem zum erstenmal anpackten, glaubten sie die Antwort im Begriff der «Verifikation» zu haben. Wissenschaftliche Aussagen waren tatsächlich oder doch prinzipiell verifizierbar. Der «prinzipiellen» Verifizierbarkeit erfreuten sich solche Aussagen, denen anzusehen war, welche Schritte zu ihrer Verifizierung unternommen werden sollten oder als möglich erschienen. Prinzipiell nicht verifizierbare Aussagen verwarf man als «metaphysisch» – dieses Wort stand deutlich als Euphemismus für Unsinn. Karl Popper ersetzte infolge seiner besonderen und wohlbegründeten Auffassung der Falsifizierung die «prinzipielle Verifizierbarkeit» durch die «prinzipielle Falsifizierbarkeit». Die von ihm vorgeschlagene Demarkationslinie verlief *nicht*, wie er beteuerte, zwischen Sinn und Unsinn, sondern einfach zwischen zwei verschiedenen Welten der Betrachtung, die eine die Welt der Wissenschaft und des gesunden Menschenverstandes, die andere die Welt der Metaphysik und überhaupt völlig anderer Ziele.

Wie ist unter all dies der Zufall einzuordnen? »Serendip» war einst Name für Ceylon. Nach einer Gedankenspielerei von Horace Walpole trafen die drei Prinzen von Serendip durch bloßen Zufall auf immer neue treffliche Entdeckungen und Erfindungen: daher

«Serendipity» – die Gabe, wertvolle und nützliche Dinge zu finden, ohne sie gesucht zu haben.

Der glückliche Zufall spielt in der wissenschaftlichen Forschung tatsächlich eine Rolle. Nach längeren Zeiten der Entmutigung, oder wenn sie auf einem Forschungswege ins Nichts geraten sind, sagen die Wissenschaftler oft, es wäre für sie endlich eine Glückssträhne fällig. Damit meinen sie nichts, was nach einem Kriterium des Induktionsverfahrens als Zufall gälte: etwa daß sich ihren Sinnen, sozusagen gebrauchsfertig, ein unbekanntes Phänomen oder eine neue Verbindung von Ereignissen glückhaft darböte. Sie meinen nur, es wäre an der Zeit, daß ihnen das Richtige einfiele anstatt des Verkehrten – Zeit also, daß sie eine Hypothese fänden, die nicht allein zu erklären vorgibt, was sie erklären soll, sondern die auch einer kritischen Prüfung standhält.

Dr. Roger Short hat ein sehr interessantes Beispiel gegeben, wie ungenügend eine bloße Beobachtung bei Entdeckungen ist, und ihm verleiht die Tatsache, daß William Harvey ein überragender *Beobachter* war, besondere Eindringlichkeit. Short weist in seiner Schrift über Harveys Begriff der Empfängnis darauf hin, daß dieser die Beteiligung der Ovarien an der Fortpflanzung der Säugetiere insgesamt in Abrede stellte, indem er mit Aristoteles glaubte, das Ei wäre ein Ergebnis der Befruchtung und somit hauptsächlich des männlichen Samens. Short fügt hinzu: «Harveys Obduktionen und Beobachtungen waren beinahe fehlerlos, und er irrte nur bei ihrer Interpretation. Sein Fehler kann sogar vielen unter uns heutigen zur Lehre dienen.»[37]

Was aber ist zum Zufall in einem vertrauteren und weniger intellektuellen Sinne zu sagen? Wie steht es beispielsweise mit der Entdeckung des Penizillins durch Alexander Fleming?

Fleming war ein glänzender Wissenschaftler und also nicht zu fein, um seine Bakterienkulturen selbst anzusetzen. Die Sage jedoch (denn eine solche, wurde mir gesagt, sei es) geht wie folgt. Eines Tages, als Fleming eine Schale mit Staphylokokken oder Streptokokken ansetzte, wurde eine Spore des Brotschimmels *penicillium* durchs Fenster hereingetragen und ließ sich auf der Kultur nieder. Rund um die Spore entwickelte sich eine kreisförmige Zone, in der das Bakterienwachstum gehemmt war: Dies war der Kern der Entdeckung, aus dem alles andere folgte.

Ich hielt diese Geschichte jahrelang für wahr, denn weder Grund noch Neigung veranlaßten mich zum Gegenteil. Ein zynischer Bakteriologe an der British Postgraduate Medical School in Hammersmith stellte sie indes in Frage. Vor allem anderen keimt eine Spore des Penizillins nicht in der Art, daß sich für Bakterien eine wachstumshemmende Zone ergibt. Der Bakteriologe sagte mir weiter, bei St. Mary handele es sich um ein Gebäude alten Stils, dessen Fenster entweder nicht schließen würden oder sich nicht öffnen ließen. Flemings Fenster gehörte zu den letzteren. Soviel zum Hereintragen der Spore durchs Fenster.

Es tat mir leid, daß die traditionelle Geschichte über Flemings Entdeckung einer kritischen Prüfung nicht standhielt, denn ich hätte gerne an sie geglaubt. Aber selbst wenn sie wahr wäre, würde sie uns nicht viel über die Wirksamkeit des Zufalls verraten haben. Fleming besaß Menschlichkeit und Güte; der Wundbrand und andere entsetzliche Komplikationen, deren er bei Verwundeten des Ersten Weltkrieges ansichtig geworden war, hatten ihn erschüttert und elend gemacht. Karbol, damals das einzige greifbare Antiseptikum, wird von Körperflüssigkeiten fast gänzlich unwirksam gemacht und schädigt das Körpergewebe mehr als die Bakterien selbst, so daß sich die Komplikationen der infizierten Wunde nur vermehren. Fleming hatte daher die besonderen Vorzüge einer antibakteriellen Substanz, die das Gewebe nicht angreift, klar erkannt.

Die Methode wird keineswegs strapaziert, wenn man sagt, daß Fleming das Penizillin schließlich fand, weil er nach ihm Ausschau gehalten hatte. Tausend Menschen hätten beobachten können, was immer Fleming vor Augen hatte, ohne auf das Penizillin zu stoßen oder irgendwie auf ihrer Beobachtung aufzubauen. Aber Flemings Geist hielt die richtige Klappe offen und wartete darauf. Dem glücklichen Zufall geht fast immer seine Erwartung voran. Pasteur hat bekanntlich gesagt, das Glück bevorzuge den vorbereiteten Geist, und Fontenelle bemerkte: «Ces hasards ne sont que pour ceux qui jouent bien! – Diese Glücksfälle treffen nur die guten Spieler!»

Beim Penizillin schlug der reine Zufall auf verblüffende Weise zu, und es gab niemanden, der hätte darauf gefaßt sein können, denn erst eine jüngstvergangene Untersuchung hat ihn ans Licht gebracht: Die Mehrzahl der Antibiotika ist äußerst giftig, denn sie stören eine Phase des Zellstoffwechsels, die Bakterien und gewöhnlichen Körperzellen gemeinsam ist. Actinomycin D ist ein gutes Beispiel, denn es stört die Abbildung der DNS des Zellkerns auf die RNS, welche die DNS sodann genetisch wirksam macht. Weil der Mechanismus den Körperzellen wie den Bakterien gemeinsam ist, werden beide von Actinomycin betroffen. Penizillin ist ungiftig, weil es auf eine Art des Zellstoffwechsels wirkt, die den Bakterien eigentümlich ist.

Die Grenzen der Wissenschaft. Selbst wenn wir anerkennen – und ich fürchte, das müssen wir –, daß die Wissenschaft nicht Fragen über erste und letzte Dinge oder über einen Endzweck beantworten kann, gibt es für ihre Kraft, Fragen der Art zu beantworten, welche die Wissenschaft zu beantworten *vermag*, keine schon bekannte oder noch denkbare Grenze. Die Gründerväter des siebzehnten Jahrhunderts irrten nicht, als sie das plus ultra zum Leitwort nahmen, im Glauben, daß es in der Wissenschaft immer ein Darüberhinaus gebe. Als Whewell erstmals einen Wissenschaftsstandpunkt vertrat, der ganz allgemein dem von Karl Popper zu einem richtiggehenden System entwickelten entsprach, empörte sich sein Gegner John Stuart Mill über den Gedanken, Hypothesen seien Produkte der Imagination und daher von nichts außer der Imagination selber eingeschränkt. Doch was Mill Angst machte, ist einer der Glanzpunkte der Wissenschaft und gibt uns die grundsätzliche Gewißheit, daß es für sie keine Grenzen gibt. Die Wissenschaft wird erst dann verdorren, wenn die Wissenschaftler die Kraft und den Ansporn verlieren oder stumpf werden lassen, sich vorzustellen, was die Wahrheit sein könnte. Ein Ende der Wissenschaften läßt sich nicht etwa leichter vorstellen als ein Ende der schöngeistigen Literatur oder der bildenden Künste. Natürlich bleiben ein paar Probleme unlösbar. Karl Popper und John Eccles haben bemerkt, die Verbindung zwischen Gehirn und Geist könne eines davon sein[38], doch es läßt sich nicht leicht ein zweites ausdenken.

Die Paradigmenparade

Meine Parteinahme für die «hypothetisch-deduktive» Begründung des Wissenschaftsprozesses fußt auf dem Studium meiner eigenen Gedankenprozesse, das ich so genau wie möglich durchzuführen suchte. Ich fand mich unterstützt von der Überzeugung einer ziemlich großen Zahl von Wissenschaftlern und Ärzten, die sie nun für eine berechtigte Beschreibung der untersuchenden Vorgehensweise halten. Es wäre indes reichlich unfair, wollte man den Eindruck erzeugen, das von mir skizzierte Schema vom Wissenschaftsprozeß wäre das einzig vorherrschende. Die von Thomas Kuhn in *The Structure of Scientific Revolutions* und später in *Essential Tension* vorgetragenen Ansichten erregten großes Interesse[39], Kuhn selbst veranstaltete zusammen mit anderen in einem Symposion unter dem Titel *Criticism and the Growth of Knowledge*[40] eine erhellende Diskussion.

Kuhns Ansichten haben Anklang gefunden – ein

sicheres Zeichen dafür, daß sie den Wissenschaftlern einleuchten, denn sie haben nicht viel Zeit für das, was sie für bloßes Philosophieren halten. Im übrigen widersprechen Kuhns und Poppers Ansichten einander nicht.

Die Position Kuhns läßt sich so skizzieren: Bei der kritischen Bewertung von Hypothesen, der Popper rechtens ein so großes Gewicht verleiht, findet zwischen Wissenschaftler und Wirklichkeit nicht etwa eine private Auseinandersetzung statt, sozusagen ein Wettstreit zwischen Tatsache und Einbildungskraft. Der Wissenschaftler mißt seine Hypothese vielmehr am geltenden «Establishment» wissenschaftlicher Überzeugung, am gegenwärtigen Rahmen aus theoretischen Verbindlichkeiten und anerkannten Meinungen: am vorherrschenden «Paradigma», in dessen Sprache die täglich anstehenden wissenschaftlichen Probleme ausgedrückt werden. Ein Wissenschaftler, der in diesem Umfeld Untersuchungen durchführt, übt, was Kuhn die «normale Wissenschaft» nennt, und seine Forschung ist auch nur insoweit ein Lösen von Problemen.

Es ist kein Wunder, daß J. W. N. Watkins in dem oben genannten Symposion bemerkte, Kuhn sehe die Gemeinde der Wissenschaftler als Analogon zur religiösen Gemeinde, aber mit Wissenschaft als Religion der Wissenschaftler. Es ist gewiß wahr, daß die Wissenschaftler ihre überkommenen Glaubenshaltungen nur zögernd abwerfen und sich mitunter vor Begriffen aufbäumen, die aus dem vorherrschenden Paradigma herausfallen. Aber die normale Wissenschaft bleibt nicht lange unhinterfragt. Immer wieder ersetzt ein außergewöhnlicher Wissenschaftler oder ein ungewöhnliches wissenschaftliches Phänomen das vorherrschende Paradigma durch eine neue Rechtgläubigkeit: Ein neues Paradigma definiert die «normale» Wissenschaft neu und besteht, bis die revolutionäre Wertumverteilung sich wiederholt. Die «essential tension – die wesentliche Spannung», auf die Kuhn im Titel seines letzten Buchs Bezug nimmt, besteht zwischen unserem Erbe von Grundsätzen und Dogmen, soweit die Wissenschaft davon betroffen ist, und den gelegentlichen Umschwüngen, die ein neues «Paradigma» verkünden, um in der von Kuhn populär gemachten Terminologie zu bleiben.

Kuhns Ansichten beleuchten auch die Psychologie der Wissenschaftler und sind ein interessanter Kommentar zur Wissenschaftsgeschichte, aber sie ergeben keine Methodologie, kein System von Forschungsregeln.

Im wirklichen Leben pflegt ein Wissenschaftler so lange an eine Hypothese zu glauben, bis er Grund findet, ihr zu mißtrauen. In ihr besteht, so gesehen, sein persönliches Paradigma, in dem er womöglich von einem gewissen Besitzerstolz bestärkt wird, sobald es eine eigene Idee verkörpert. Was Revolutionen anbelangt, so geschehen sie immerfort. Kein Wissenschaftler behält hinsichtlich seiner Forschungsarbeit dieselben Überzeugungen von einem Tage zum nächsten bei, denn das Lesen, das Nachdenken und die Diskussion mit Kollegen bringen einen Akzentwechsel hier und möglicherweise sogar eine radikale Neueinschätzung seiner Art zu denken dort mit sich. In einem Labor besteht fortwährend Unruhe. Etwas an Kuhns Schriften läßt mich glauben, er sehe das normale Wissenschaftsleben für ein ruhesames, gottesfürchtiges, bourgeoises Sich-zufrieden-Geben mit einer etablierten Ordnung an. Aber in Wirklichkeit sieht es eher einem maoistischen Mikrokosmos immerwährender Revolution ähnlich. In jedem Labor, in dem echte Forschungsarbeit geleistet wird, ist alles im Fluß. Dies kann in den Sozialwissenschaften natürlich anders sein, deren Puls langsamer schlägt und wo eine Überzeugung viel langsamer Platz greift. Hier können wir vielleicht von einer «normalen Wissenschaft» reden, und der Prozeß, der sie je und je verdrängt, könnte hier passender mit einer Revolution verglichen werden.

Wird von Methodologie zuviel Aufhebens gemacht? Mag eine Forschungsphase sich im Rückblick auch als vom «hypothetisch-deduktiven» Charakter herausstellen, so könnte sich ein junger Wissenschaftler trotzdem fragen, ob da nun größere Formalitäten wirklich nötig waren. Die meisten Wissenschaftler, so vermöchte er bei sich zu argumentieren, sind niemals über wissenschaftliche Methoden instruiert worden, und die so belehrten unter ihnen kommen nicht besser voran als die unbelehrten.

Kein junger Wissenschaftler bedarf irgendeiner bombastischen Methodologie. Aber er muß ganz klar sehen, daß die Faktensammlung bestenfalls nur eine Schlechtwetter-Freizeitbeschäftigung sein kann. Es gibt keine Gedankenformel und kein Denkprogramm, die ihn schnell von der empirischen Beobachtung zur Wahrheit zu führen vermöchten. Zwischen jeglicher Beobachtung und ihrer Deutung steht stets ein Vernunftakt. Wie ich erläutert habe, liegt der wissenschaftliche Zeugungsakt in der mutmaßenden Imagination. Das wissenschaftliche Alltagsgeschäft gebraucht den gesunden Menschenverstand in Begleitung eines tiefgehenden Begreifens, nicht jedoch ein Deduktionsverfahren, das, wie immer, verfeinerter oder tiefgründiger wäre als das, was im Alltagsleben dafür herhalten muß: etwas also, das die Fähigkeit, Folgen zu erkennen und Parallelen wahrzunehmen, in sich schließt, kombiniert mit der resoluten Entschlossenheit, sich weder von Beweisen aus schlecht gemachten Experimenten noch von der Attraktivität – ja gar der Liebenswürdigkeit – einer Lieblingshypothese täuschen zu lassen. Intellektuelle Heldentaten sind selten erforderlich. «Die wissenschaftliche Methode», wie sie mitunter genannt wird, ist nur eine Potenzierung des gesunden Menschenverstandes.

Bevor ein Wissenschaftler andere von seinen Beobachtungen oder Meinungen zu überzeugen beginnt, muß er sich zuerst selber überzeugen. Die Überzeugung sollte nicht ganz leicht fallen. Es ist bei weitem besser, im Rufe eines Querulanten zu stehen, der sich nur widerwillig überzeugen läßt, als jemandem Grund zu geben, daß er uns für tölpelhaft leichtgläubig hält. Wenn ein Wissenschaftler einen Kollegen um aufrichtige Kritik an seiner Arbeit ersucht, dann schenke der ihm Glauben, daß er meint, was er sagt. Es bedeutet keinerlei kollegiale Freundlichkeit – und kann in der Tat eher ein feindlicher Akt sein –, einem Wissenschaftler zu versichern, seine Arbeit sei klar und überzeugend und seine Überzeugungen wirklich konsistent, wenn die Experimente, die sie vorgeblich stützen sollen, schlampig geplant und nicht gut durchgeführt wurden. Allgemein gesagt, ist Kritik bei aller wissenschaftlichen Methodologie die mächtigste Waffe; sie ist die einzige Versicherung des Wissenschaftlers gegen das Überleben des Irrtums. Alles Experimentieren ist Kritisieren. Wenn ein Experiment nicht die Möglichkeit in sich schließt, uns zur Revision unserer Ansichten zu veranlassen, so ist kaum einzusehen, warum es überhaupt unternommen werden sollte.

12
Verbesserung durch Wissenschaft kontra wissenschaftliche Heilsbringerei

Naturwissenschaftler haben ein sanguinisches Temperament, einen Geisteszustand etwa, der zu dem, was Stephen Graubard die «habituelle Hoffnungslosigkeit der Literaturwissenschaftler» genannt hat, zuweilen in aufreizendem Kontrast gesehen wird. Niemand braucht sich allerdings über ihre Lebhaftigkeit zu wundern angesichts der Tatsache, daß die Naturwissenschaft in der Erfüllung von erklärten Absichten die unvergleichlich erfolgreichste Tätigkeit ist, die Menschen je aufgenommen haben, obzwar wir kaum etwas von den Flugzeugen hören, die niemals flogen, und obzwar die Mehrzahl der verworfenen Hypothesen geheimes Leid bleibt.

Mögen die Naturwissenschaftler noch so sanguinisch sein – es wäre ein Irrtum von philosophischer Tragweite, sie als «Optimisten» zu bezeichnen. Denn wären sie solche, würde viel von ihrer Raison d'être verlorengehen. Der Optimismus, ein metaphysischer Glaube, der aus der Leibnizschen Theodizee erwuchs, hat Voltaires Spott nicht überlebt; Voltaires *Candide* erledigte ihn. Nicht alles ist gut, lautet seine Botschaft, dies ist nicht die beste aller Welten.

Utopia und Arkadien

Die Naturwissenschaftler haben zudem einen eingefleischten Hang zur Utopie: Sie glauben an die Möglichkeit – und vielleicht an die Verwirklichung – einer neuen und insgesamt besseren Welt. Die hohe Zeit utopischen Denkens waren die Tage der Entdeckungsreisen über das Antlitz der Erde, die damals die gleiche Bedeutung hatten wie heute die Raumfahrt. Das alte Utopia – das neue Atlantis, Christianopolis und die Sonnenstadt – war jeweils eine am Rande der Welt angesiedelte Gesellschaft von Zeitgenossen, aber das heute von den Menschen erträumte Utopia liegt in der fernen Zukunft oder auf dem Planeten eines abgelegenen, noch unentdeckten Sonnensystems.

Das arkadische Denken sieht weder in die Zukunft noch in die Ferne, sondern rückwärts auf das Goldene Zeitalter, das immer noch wiederkehren könnte. Arkadien ist eine Welt der Unschuld, von Ehrgeiz und Forscherneugier noch unberührt, eine Welt der frommen Ergebenheit in die beständige Ordnung des Seienden, ohne Streit und ohne Vorteilssuche: eine Welt der «Wahrheit und des ehrsamen Lebens». Milton, den ich hier zitiere, sah es als Ziel der Erziehung, «die Ruinen unserer Voreltern wiederherzustellen», zur fröhlichen Unschuld der Welt vor dem Sündenfall zurückzukehren. Arkadische Bestrebungen waren unter den chiliastischen Glaubenshaltungen der puritanischen Intellektuellen, der Zeitgenossen Miltons, nicht ungewöhnlich. Wir brauchen uns nicht zu wundern, daß sie – wie Charles Webster in *The Great Instauration: Science, Medicine and Reform 1626–1660*[41] klar gezeigt hat – in der wissenschaftlichen Revolution von Bacon und Comenius eine sehr bedeutende Rolle spielten, denn sowohl die arkadische Glaubenshaltung der beiden wie ihr Eintreten für die neue Philosophie waren Bezeugungen der äußersten Unzufriedenheit mit dem, was aus der Welt geworden war.

Das arkadische Denken ist heute nicht tot; es nimmt lediglich neue Form an. Obwohl der Gedanke einer zyklischen Wiederkehr historischer Epochen schon aufgegeben war, findet er neuerliche Motivation in der Unzufriedenheit – zumal mit der Welt, für die, wie man glaubt, «die Wissenschaft verantwortlich ist».

Eines dieser Arkadien der neueren Zeit sieht als höchste Form des Menschen den wohlhabenden englischen Landedelmann des achtzehnten Jahrhunderts. Er lebte von den gesunden und im Überfluß vorhandenen Produkten des eigenen Bodens, eine zufriedene und Respekt entbietende Pächterschaft umgab ihn, deren Interessen er redlich mitverfolgte; zudem beschäftigte er in und außer Hause eine große Zahl ergebener Diener, denen seine Versammlung zu morgendlichem Gebet oder der regelmäßige Kirchenbesuch ein Beispiel für männliche Frömmigkeit bot. Der Landedelmann zog eine große Kinderschar auf, und das älteste männliche Kind trat in der Pflege seines Besitzes dereinst an seine Stelle. Seine Töchter, so sie nicht ihrer Mutter in jederlei Tüchtigkeit zur Hand gingen, vermehrten den Ruf seines Namens durch vorteilhafte Heiraten noch um weiteres. Um das Bild des arkadischen Mikrokosmos abzurunden, leistete ein junger Tutor, der vielleicht ein Auge auf dem Familienleben ruhen ließ, sein Bestes, das jüngere Volk so zu erziehen, daß Dr. Johnson seine Freude daran gehabt hätte (s. S. 65).

Es war ohne Zweifel eine wunderbare Welt für den Landedelmann selbst, aber nicht ganz so sehr für das Hausgesinde, das nicht vor dem letzten Nachtschwärmer zu Bett kam und zumeist schon in der Dämmerung aufstehen mußte, um in den Schlaf- und Wohnzimmern Feuer zu machen und überall Ordnung herzustellen, ehe die vornehme Gesellschaft herunterkam. Auch die Leute auf dem Feld arbeiteten sehr hart, und sie ernteten vermutlich, wenn sie ihren Platz in der beständigen Ordnung der Dinge erwogen, weniger Genugtuung als ihre Herren, denn sie waren sich allezeit bewußt, daß sie in ihrem und ihrer Familien Lebensunterhalt von Billigung und Wohlwollen des Landedelmannes oder seines Stellvertreters abhingen.

Auch war das alles für die Frau des Landedelmannes nicht so lustig. Sie kämpfte mit wiederholten Geburten gegen die Verheerungen einer gnadenlosen Kindersterblichkeit an und war nur allzuoft verdammt, schmerzende und entkräftende Leiden im geheimen zu pflegen, von denen sie erst gar nicht sprach, weil Stolz und Schicklichkeit es verboten und weil ein wohlbegründeter Zweifel an der Wirksamkeit medizinischer Behandlung es als aussichtslos erscheinen ließ. Ihre Leibeigenschaft im System der beständigen Ordnung des Seienden war nicht weniger absolut und womöglich hie und da gebieterischer als die des Hausgesindes.

C. S. Lewis, mit dem ich jahrelang freundschaftliche Unterhaltung pflegte, aus denen ich die liebenswürdigeren Bestandteile dieses arkadischen Traumlandes rekonstruierte, trug solche Vorstellungen als Gegenmittel gegen die von ihm verabscheute auf Wissenschaft gegründete Welt dauernd im Kopf. Er glaubte, die Wissenschaftler planten, die Welt, die er für die beste hielt, durch landwirtschaftliche Fabriken und chemischen Ackerbau zu ersetzen, durch eine in seinen Augen durch und durch sterile Welt: «kein Lehnstuhl, nirgends Goldglanz, weder Falke noch Jagdhund», schrieb er in *That Hideous Strength*. Lewis sah selbstverständlich sich selbst als Landedelmann, wie alle, die sich in dieses Arkadien hineinträumen. Naturwissenschaftler verfügen nur selten über die nötige Erziehung und Weltklugheit, um sich als Hauptperson zu gebärden, und fragen sich vermutlich eher, wie es sein würde, dort bestenfalls

Hauslehrer zu sein oder noch eher der Bursche, der ringsum das Be- und Entwässerungssystem versieht.

Das von mir soeben skizzierte Arkadien ist natürlich ziemlich jungen Datums. Es ist von dem Primitivismus, der seinen bekanntesten Ausdruck im edlen Wilden des Jean-Jacques Rousseau gefunden hat, weit entfernt. Lange vor Rousseau hat es Spekulationen über eine Welt primitiver Unschuld und des Überflusses gegeben – beispielsweise über die Gemeinde der Hyperboreer, die lebten, wo die Erde ihre Güter sprießen ließ und die Ziegen sich von selbst zum Melken einstellten.

Dieserart Primitivismus war schon immer ein bedeutender Bestandteil der Kulturgeschichte des Menschen, und das Wachstum der Wissenschaft, weit entfernt, ihn auszulöschen, hat ihn nur um so attraktiver gemacht, wenn auch weniger einleuchtend als zuvor. Wer nach ihm ausschaut, findet im Alltagsleben und -denken genug Beweise, wie hoch Rousseau wieder im Sattel sitzt.

Die wissenschaftliche Heilsbringerei

Die Wissenschaftler, ob im Temperament sanguinisch oder melancholisch, ob utopisch oder arkadisch gestimmt, wollen wie andere Leute auch das Gefühl haben, sie hätten einen besonderen Grund zu leben – nicht bloß «in dieser Welt zu sein», wie es so heißt, sondern Wissenschaftler zu sein und nicht irgend etwas anderes.

Aus den Unterhaltungen oder Meinungsäußerungen von Wissenschaftlern, besonders der jüngeren, erfährt man bald, daß, was viele von ihnen beseelt, der von Sir Ernst Gombrich so genannte «scientific messianism» – die wissenschaftliche Heilsbringerei – ist. Sie kommt natürlich als Utopie daher: Eine bessere Welt ist grundsätzlich erschaffbar und kann in einer großen gesellschaftlichen Umgestaltung verwirklicht werden. Die Wissenschaft, glauben sie, wird diese Umgestaltung herbeiführen; und die den Menschen bedrängenden Probleme – jene nicht ausgenommen, die aus der Unvollkommenheit der Menschennatur erwachsen – werden einer wissenschaftlichen Forschungstätigkeit nachgeben, die den Weg zu jenen sonnenbeschienenen Landstrichen des Friedens und des Überflusses weist, welche die erschöpfte und böse zugerichtete Welt einem säkularisierten Himmel ähnlich macht.

Dieser große und tiefe Glaube an die Wissenschaft trat aus zwei grandiosen geistigen Revolutionen hervor. Die erste, deren Verkünder Francis Bacon war, wies der Philosophie der Neuzeit (der «new science» – der neuen Wissenschaft –, wie wir heute sagen) den Platz an. In *New Atlantis* beschreibt Bacon seinen Traum von der von dieser neuen Philosophie gestalteten Welt: Ihr Hauptumschlagsgut wäre das Licht – das Licht der Erkenntnis, der Erkenntnis nicht allein der materiellen Welt, sondern auch unserer Mitgeschöpfe. Der diese Welt regierende Wissenschaftler-Philosoph widmete sich der Ausübung *alles dessen, was möglich ist,* vermöge der grenzenlosen Erweiterung der menschlichen Erkenntnis.

Heute ist von Bacons erträumtem Atlantis nichts mehr übrig, ausgenommen der Teil, in dem sich die Wissenschaft sowohl in ihrer Herrlichkeit wie in ihrer Bedrohung verkörpert: die bewußte Anerkenntnis der Wahrheit, daß alles, was grundsätzlich möglich ist – was also einem Naturgesetz nicht zuwiderläuft –, gemacht werden kann, wenn die Absicht dazu genügend fest ist und genügend lange aufrechterhalten wird. Ein Untergesetz dieser Wahrheit lautet, daß die wissenschaftliche Stoßkraft von politischen Entscheidungen gelenkt wird oder jedenfalls durch Urteile, die außerhalb der Wissenschaft gefällt werden. Die Wissenschaft eröffnet den Aktivitäten der Möglichkeit nach Wege, verleiht aber keiner besonderen Vorrang.

Charles Webster, dessen vorzügliche Arbeit über die Welt von Bacon und Comenius ich schon genannt habe, wies darauf hin, daß die neue Philosophie ihre Motivation großenteils von den puritanischen Aktivisten bezog, die in der neuen Wissenschaft das Mittel erblickten, um England zur Gastnation für das nahe bevorstehende Tausendjährige Reich Christi tauglich zu machen und damit die in Daniel 12,4 niedergelegte Prophezeiung zu erfüllen: «Viele werden sich erkundigen, und das Wissen wird sich mehren.» Nicht zufällig zeigte die 1620 erschienene Ausgabe von Bacons *Great Instauration* Schiffe auf friedlicher Fahrt durch die Straße von Gibraltar, die einst als Endpunkt der Welt galt. Hinter den Säulen des Herkules werden unermeßliche Meere sichtbar, denn ein plus ultra – ein Darüberhinaus – gab es schon immer. «Komm, komm, komm», schrieb Samuel Hartlib in einem Brief an Johann Amos Comenius, um ihn anzutreiben, nach England zu kommen, «es ist Zeit für die Diener Gottes, daß sie sich an einem Ort versammeln und den Tisch bereiten für die Ankunft der Gesalbten Gottes.» Die Entwicklung der Wissenschaften und der angewandten Künste sollte ein hochbedeutsamer Beitrag beim Decken des Tisches sein.

Eine der grundsätzlichen Lehren in Websters Abhandlung ist – und das mag jene überraschen, die in konventionelleren Begriffen erzogen wurden –, daß die moderne Wissenschaft im Religiösen und buchstäblich in der Bibel tiefere Wurzeln besitzt, als gewöhnlich angenommen. Webster wählte die Zeit zwischen 1626 und 1660 zur näheren Nachforschung; dies war, intellektuell gesehen, die aufregendste und heiterste Periode der Moderne, eine Zeit großer Hoffnungen und Anfänge. Die Wissenschaft unterstand damals Männern vom geistlichen Stand, deren berufliches Fortkommen zu einem großen Teil von der Gönnerschaft der Puritaner abhing.

Obwohl sich Bacon als «Trompeter» der neuen Philosophie bezeichnete, besitzt sein Denken noch starke mittelalterliche oder gar ältere Färbung (Professor Paulo Rossi nannte ihn «einen von einem modernen Traum verfolgten Philosophen des Mittelalters»); und obgleich seine wissenschaftliche Methode nicht funktionierte und in der Tat nicht funktionieren konnte, feuerten Bacons Schriften die Inspiration der Leser an, und sie vermögen dies noch heute. Er ist noch immer der größte Fürsprecher der Wissenschaft, noch immer ihr größter Verkünder. Aus den Schriften Bacons und Comenius' können wir immerfort das Frohlocken und die atemlose Erregung gewinnen, die mit der Begründung der Welt einhergingen, in der wir heute leben.

Die zweite große geistige Bewegung, die zur Entstehung der heilsbringerischen Wissenschaftsauffassung beitrug, war nicht so sehr von einer heiteren Gestimmtheit, sondern von wahrlich wundergleichem Selbstgefallen und Selbstvertrauen gekennzeichnet. Wir nennen sie das Zeitalter der Aufklärung. Für Condorcet, der auf rührendste Weise ihr hingebungsvoller Fürsprecher war, schien der Fortschritt historisch unvermeidlich. Der Zustand der Menschheit in «den aufgeklärtesten Ländern Europas» war, sagte er, daß die Philosophie (die Wissenschaft) «nicht länger herumzuraten, keine weiteren unechten Verknüpfungen aufzustellen nötig hat, sie braucht nun nichts weiter zu tun, als Fakten zu sammeln und zu ordnen und die nützlichen Wahrheiten vorzulegen, die aus ihnen als einem Ganzen sowie aus den verschiedenen Anliegen ihrer verschiedenen Zweige entspringen». Der Fortschritt, so glaubte er, war durch die Unverrückbarkeit der Naturgesetze gesichert. Demgemäß suchte Condorcet zu zeigen, wie dieser Fortschritt, «so chimärenhaft er auch scheinen mochte, allmählich ermöglicht und sogar beschleunigt werden sollte» und wie «die Wahrheit, trotz des vorübergehenden Erfolgs der Vorurteile und obwohl ebendiese aus der Korruption der Regierungen wie des Volks Nahrung beziehen, am Ende zu dauerndem Triumph aufsteigen müsse». Die Natur, so fuhr er zu erklären fort, hatte «den Erkenntnisfortschritt mit der Vervollkommnung der Freiheit, der Tugend und der Achtung vor den natürlichen Rechten des Menschen unauflösbar verbunden».

Sie benimmt einem noch heute den Atem, diese ruhige Zuversicht in den von wissenschaftlicher Gelehrsamkeit vermittelten unvermeidlichen Fortschritt. Ein Mensch von der hoffnungsfrohen Unschuld Condorcets konnte der Feindschaft der Revolution nicht entgehen, und er entging ihr auch nicht. Das Werk, aus dem ich zitiere, kam heraus, als er unter ihren Händen gefallen war.

Wissenschaftler gehören als Klasse den Rationalisten an, zumindest in dem begrenzten Sinn, daß sie bedingungslos daran glauben, es sei *notwendig*, vernunftgemäß zu denken. Sie wären zugleich überrascht und verletzt, würde ihnen jemand ein Abstandnehmen von dieser Haltung zur Last legen. Der Rationalismus bringt die professionelle Verpflichtung mit, den modernen Geschmack am Irrationalismus zu bekämpfen – nicht allein das Löffelbiegen (eine modische Form der Psychokinese) oder seine philosophischen Äquivalente, sondern die Neigung, «rhapsodisches» Verstehen an die Stelle des Einerleis im Vernunftschluß zu setzen, das bis dato allen großen Denkern der Welt Genüge getan hat. Unter den prinzipiell antiwissenschaftlichen Bewegungen befindet sich der Kult der Weisheit des Ostens und der mystischen Theologie – ein prosaisches Opfer an den Allmächtigen, sagte George Campbell, das, wo ein lebendiges Opfer am Leben gelitten hätte, statt dessen am Sinn leidet.

Junge Wissenschaftler dürfen indes nie versucht sein, die Notwendigkeit zum Vernunftschluß für das Hinreichen des Vernunftschlusses zu nehmen. Dem Rationalismus gebricht es an einer Antwort auf die vielen einfachen und kindlichen Fragen, die die Leute gerne stellen: Fragen über Ursprung und Endzweck, von der Sorte, die oft verächtlich als Unfrage oder Pseudofrage beiseite getan werden, obwohl die Menschen sie genügend deutlich durchdringen und nach Antwort verlangen. Dahinter steht eine geistige Anstrengung, die von Rationalisten – wie von schlechten Ärzten, denen ein Leiden gegenübertritt, das sie weder zu diagnostizieren noch zu heilen vermögen – schnellfertig als «Einbildung» abgetan wird. Daß wir nach Antworten auf diese einfachen Fragen Ausschau halten, ist nichts Rationalistisches, denn der Rationalismus schilt schon die Absicht, nach solchen Antworten auszuschauen.

Der wissenschaftliche Materialismus auf dem Prüfstand

Ein Wissenschaftler, der am Fortschritt der Medizin oder des Ackerbaus oder an der Verbesserung von Fabrikationsmethoden arbeitet, macht sich womöglich – und wird oft – zum Verfechter materiellen Fortschritts. Als solchem begegnet ihm zweierlei Stirnrunzeln: Der Grund für das erste findet sich im allbekannten Klischee jener zweitrangigen Kritik wieder, wonach der materielle Wohlstand die geistige Verarmung im Gefolge führe; und des zweiten Begründung lautet, weit ernster, der materielle Fortschritt halte sein Versprechen nicht, auch nur irgendeines der größeren Bedrängnisse, von denen sich die Menschheit heute gequält sieht, zu beheben.

Der Gedanke, materieller Wohlstand führe geistige Verarmung im Gefolge, ist das Lieblingskind derer, die den Fortschrittsgedanken verhöhnen. Und doch sind viele von ihnen – auch einige, die in einer simulierten Agonie von Verlegenheit um die «wirkliche» Bedeutung von Fortschritt den Begriff insgesamt aus den Augen verlieren – insgeheim Gläubige. Kaum jemand zieht guten Abflußrohren schlechte vor, wiewohl doch, wie Bryan Magee gezeigt hat[42], die Londoner *Times* schon einmal zu den Genannten zu zählen war. Sie klopfte Edwin Chadwick scharf auf die Finger, weil er es für möglich hielt, die Gesundheit der Londoner mittels einer angemessenen Kanalisation zu verbessern. Nein, erklärte die *Times* mit der Stimme äonenalter Wissenschaftsfeindlichkeit, die Londoner wollten lieber «ihr Risiko an Cholera und sonstigem auf sich nehmen, als von Mr. Chadwick und seinen Kollegen zur Gesundheit geprügelt zu werden». Ironischerweise – denn es traf einen großen Fortschrittsgläubigen – war Prinzgemahl Albert unter denen, die das Risiko auf sich nehmen mußten. Als er an Typhus starb, fand man die zwanzig Senkgruben von Windsor Castle voll bis zum Überfließen.

Der Geist, in dem die *Times* Edwin Chadwick brandmarkte, geht noch immer um. Jedesmal, wenn der Bürgermeister einer amerikanischen Gemeinde gegen eine Fluorisierung einschreitet oder wenn jemand sie in England für unwirksam oder geradezu für schädlich erklärt, ertönt in der Ecke des Olymps, wo die lückenschaffende Karies, Göttin des Zahnverfalls, den Vorsitz führt, ein Freudengeschrei.

Wiederum fühlen wir uns angehalten, einen Unterschied zwischen dem Hinreichenden und dem Notwendigen zu machen. Zur vollen Entfaltung des Menschentums sind Abflußrohre, schnelle Nachrichtenwege und gesunde Zähne nicht hinreichend, aber sie helfen. An Armut, Mangel und Krankheit ist nichts, das der Kreativität diente; niemand sollte sich von solchem romantischen Unsinn hinreißen lassen. Florenz war in seinen besten Tagen ein großes Wirtschafts- und Bankenzentrum; das England der Tudors war ein geschäftiges und wohlhabendes Land; und wir würden in Rembrandts Amsterdam vergebens nach Beweisen Ausschau halten, daß die Künste aus der Not erblühen. Obgleich ich nicht oft Bemerkungen von derart unübertrefflicher Idiotie zu hören bekomme, erinnere ich mich doch, wie man mir versicherte, daß die Schweiz ein gutes Beispiel dafür biete, wie in einem Land die schöpferische Eingebung unter Wohlstand und materiellem Komfort auf ewig erstickt worden wäre, seien diese nun Ergebnis von Wissenschaft und Gewerbefleiß oder sei es, daß sie auf Mäßigung und gute Haushaltsführung folgten.

Der Hauptbeitrag der Schweiz zur zivilisierten Lebensführung, so fuhr die wissende Stimme fort, war die Kuckucksuhr. Ein wundersames Urteil, denn es mißt der Lektion keinerlei Bedeutung zu, welche die Schweiz der Welt in Sachen friedlicher Koexistenz unter einer multinationalen Bevölkerung, in Toleranz und Gastfreundschaft erteilt hat, welch letztere sie längst zum Refugium für Philosophen, Wissenschaftler, phantasiereiche Schriftsteller und für der Tyrannei Entkommene gemacht haben.

Der wirkliche Rechtsgrund gegen die Richtigkeit des von der Wissenschaft ermöglichten materiellen Fortschritts ruht auf der Entlarvung eines einfachen Trugschlusses der Doktrin – des *Dogmas der Erbtugend,* die ein modernes, säkulares Pendant zur Lehre von der Erbsünde darstellt: Gib den Menschen die Sicherheit ausreichender Zufuhr von Nahrung und Wärme, der Unterkunft und Schmerzfreiheit, und ihre natürliche Güte wird die Oberhand gewinnen – sie werden friedlich sein, liebende Menschen, kooperativ und bemüht, anderen zu helfen sowie fürs allgemeine Wohl zu arbeiten; gib Kindern Liebe, Nestwärme und Schutz, und sie werden Liebe ausströmen und liebenswert sein, sie werden aus sich herausgehen und Selbstlosigkeit üben, sie werden ihr Spielzeug und anderes Besitztum spontan mit Freunden teilen, denn sie erfreuen sich einer klaren instinktiven Wahrnehmung dafür, was ihnen heute und immer frommt. Unerfahrene Lehrer und junge Eltern glauben zuweilen ernsthaft, Kinder wüßten nicht nur von selbst, was sie essen und tun oder lassen müßten, sondern auch was sie lernen und nicht lernen sollten. Sie wittern im Ernst, Festigkeit oder Autoritätsausübung könnte ihren Kindern etwas von ihrer spontanen

Kreativität und ihrem unschuldigen Auffassungsvermögen nehmen.

Niemals wurde, glaube ich, die Lehre, der Mensch sei von Natur aus gut, formal widerlegt, obwohl es doch reichlich wenig Ursache gibt, sie für wahr zu halten. Man kann am Ende nicht umhin, in der Neigung, an sie zu glauben, einen liebenswerten menschlichen Zug zu sehen.

Die Verbesserung durch Wissen: eine realistische Herausforderung der Wissenschaft

Wäre die Lehre, der Mensch sei von Natur gut, wahr, dann wäre auch die Wissenschaft als Heilslehre eine echte Herausforderung, denn die Wissenschaft vermöchte eines Tages jene Umwelt zu schaffen, in der eine naturgegebene Güte die Vorherrschaft gewinnen würde. Betrachten wir indessen, welch kleinerem Ehrgeiz die Wissenschaftler im Rahmen der Wissenschaft Raum geben könnten.

Viele junge Naturwissenschaftler hoffen, die Wissenschaft, die sie zu lieben angefangen haben, könne Werkzeug einer sozialen Umwandlung werden, die zur Besserung der Menschen führt. Und also beklagen sie, daß so wenige Politiker naturwissenschaftlich ausgebildet sind und daß nur wenige ein tieferes Verständnis für die Verheißungen und für die Leistungen der Naturwissenschaften haben. Dieses Lamento verrät seinerseits ein tiefgehendes Mißverstehen des Wesens der hochanspruchsvollen Probleme, mit welchen die Welt sich heute konfrontiert sieht: der Übervölkerung und wie eine harmonische Koexistenz in einer vielrassigen Gesellschaft zu erreichen wäre. Dies sind keine naturwissenschaftlichen Probleme, und sie sind auch naturwissenschaftlichen Lösungen nicht zugänglich. Dies bedeutet nicht, daß die Naturwissenschaftler sich auf die Rolle erschreckter Zuschauer beschränken müßten, während politische Machenschaften die Wohlfahrt von Völkern und am Ende der Menschheit insgesamt bedrohen. Die Wissenschaftler beginnen zu sehen, daß sie, in ihrer Rolle als Wissenschaftler, einen notwendigen und typischen Beitrag zur Lösung dieser Probleme zu leisten haben – dies aber werden Lösungen sein, die ein Zeitalter der Seligen nur schwerlich herbeizubringen vermögen.

Was beispielsweise die Übervölkerung betrifft, so können sie unschädliche und annehmbare Mittel der Geburtenkontrolle erdenken – keine leichte Aufgabe, wenn man daran denkt, ein wie großer Teil physiologischer Abläufe in einem Organismus und ein wie großer Teil des Verhaltensrepertoires der Arterhaltung gewidmet sind. Aber selbst wenn sie auf diesem Gebiet Erfolg haben, so sind sie doch nicht gerüstet, die anschließenden politischen, verwaltungstechnischen und erzieherischen Probleme zu meistern, wenn ihre kontrazeptiven Maßnahmen unters Volk zu bringen sind, das die begleitenden Anweisungen nicht lesen kann, das nicht sonderlich gewöhnt ist, Vorkehrungen zu treffen, und das ohnehin nichts anderes wünscht, als so viele Kinder wie möglich zu haben.

Was also kann ein Naturwissenschaftler als solcher gegen rassistische Spannungen tun? Seine Funktion wird hier wahrscheinlich mehr kritischer als politischer Art sein. Er wird vielleicht den Widersinn der rassistischen Ansprüche bloßlegen und ebenso den ganzen Mischmasch genetischen Elitentums, der den Schriften des boshaften alten Sir Francis Galton entstieg. Er könnte zuletzt die im Bereich der Rassenbeziehungen tätigen politischen Missetäter davon überzeugen, daß sie nicht zur Wissenschaft hinüberschielen dürfen, damit diese ihre Untaten stütze oder gutheiße. Es gibt, kurz gesagt, unzählige Wege, auf denen wissenschaftliche Arbeit der Sache der Menschen Verbesserung bringen kann.

Viele Naturwissenschaftler könnten meinen, die Arbeit von Soziotechnikern oder Sozialkritikern könnte ihrem eigenen Platz in der Welt – und dem der Naturwissenschaft – abträglich sein. Dies verriete indes eine schäbige Gesinnung; die Naturwissenschaftler würden den ihnen zustehenden Einfluß verlieren, wenn sie einen zu großartigen Anspruch auf die Wirksamkeit der Naturwissenschaft geltend machten, der deren wahre Möglichkeiten überstiege.

Die Rolle, die ich für den Naturwissenschaftler im Auge habe, läßt sich als «Verbesserung durch Wissen» beschreiben. Ein wissenschaftlich Verbessernder glaubt ganz einfach daran, daß die äußere Welt verbesserungsfähig ist («Ja, aber was meinen Sie mit ‹besser›?» und so weiter und so fort), nämlich durch kluges menschliches

Handeln. Wissenschaftliche Bessermacher glauben darüber hinaus, daß so zu handeln möglich ist. Gesetzemacher und Verwalter sind typische Verbesserer, und daß sie es sind, ist ein wichtiges Element ihrer persönlichen Raison d'être. Sie wissen, daß Verbesserungen am ehesten zu bewerkstelligen sind, indem man feststellt, woran es fehlt, und sodann versucht, die Sache in Ordnung zu bringen – mit Vorgehensweisen, die nicht gleich die ganze Gesellschaft umformen oder das gesamte Rechtssystem neu entwerfen. Optimisten sind vergleichsweise bescheidene Leute, die das Rechte zu tun versuchen und die glücklich sind, wenn die Anzeichen später sagen, das Rechte sei geschehen. Das sollte auch dem klugen Wissenschaftler Ehrgeiz genug sein, und es tut auch der Wissenschaft auf keine Weise Abbruch. Der erklärte Zweck der ältesten und berühmtesten wissenschaftlichen Gesellschaft der Welt[43] ist um nichts großartiger, als «die Naturerkenntnis zu heben».

Der von mir in den zwei obigen Beispielen ins Auge gefaßte Wissenschaftler engagierte sich bewußt an praktischen – «relevanten» – Aufgaben. Wie aber steht es mit den vielen Wissenschaftlern, die sich mit dem beschäftigen, was irreführend die «reine» Wissenschaft genannt wird? Woher beziehen sie ihre Befriedigung? Nirgends außer im Fortschritt des Wissens selber.

Johann Amos Comenius sprach für sie alle. Er widmete seine *Via Lucis*[44] der Londoner Royal Society zur Hebung der Naturerkenntnis («Eure heldenhaften Unternehmungen, illustre Herren, seien gesegnet!»). Die Philosophie, die sie zur Vollendung brachten, würde, wie sie glaubten, «das stetige Wachstum all dessen» besorgen, «was Geist und Seele wie auch (so heißt es) dem Besitzstand frommt». Comenius' eigener Ehrgeiz, rührend in seinem Umfang und atemberaubend in seiner Kühnheit, war es, eine *Pansophie* auszuarbeiten: «eine einzige und umfassende Systematik des menschlichen Allwissens zu weben», deren Zweck «in der Tat nichts weniger» war «als die Hebung des menschlichen Daseins bei jedermann und überall». Wer mit Hoffnung hinreichend ausgestattet ist, gesellt sich Comenius willig im Glauben bei, daß der Verfolg universalen Erkennens, «aufzunehmen und anzuwenden zum Wohle aller Menschen und zu gemeinsamem Nutzen», eine wahrhafte Via lucis sei: ein Weg des Lichts.

Zur Veröffentlichungsreihe

Die Alfred P. Sloan Foundation hat es sich seit längerem zum Anliegen gemacht, breiteren Schichten nahezubringen, was Wissenschaft ist. Sie betrat damit ein Gebiet, auf dem es außerordentlich schwierig ist, Geld nutzbringend zu investieren. Die Wissenschaft unseres Jahrhunderts wird auf weitverzweigten Wegen vorangetrieben. Die heutige wissenschaftliche Aussage steht in einem Rahmen, den gut vier Jahrhunderte geschickten Experimentierens und sorgfältiger Theoriebildung errichtet haben, und allzuoft läßt sie sich nicht anders als in der Sprache modernster Mathematik ausdrücken. Ein breiter angelegtes Verständnis für die Wissenschaften – noch vor hundert Jahren ein vernünftiger Gedanke – ist als Ziel inzwischen wohl zur Chimäre geworden.

Trotzdem liegt es mit Sicherheit in unser aller Reichweite, den wissenschaftlichen Unternehmungsgeist zu verstehen, insofern er sich von Daten, Begriffen und Theorien der Wissenschaft an sich unterscheidet. Denn er lebt doch in Männern und Frauen, mit denen wir Tür an Tür wohnen und die von nebenan zu ihrem Arbeitsplatz und zurück unterwegs sind; sie wie wir sind von den gleichen Hoffnungen und Wünschen bestimmt, und wie die meisten von uns werden auch sie gelegentlich mit Erfolgen belohnt und gelegentlich von Rückschlägen bedrängt. Ein wissenschaftliches Vorhaben unterliegt zwar eigenen Regeln und Gewohnheiten; es zu verstehen indes steht jedem von uns offen, denn es gehört zum Wesen des Menschseins. Und endlich bringt das Verstehen eines Vorhabens unvermeidlich Einsichten in das Wesen seiner Ergebnisse mit sich.

Demgemäß hat die Sloan Foundation eine repräsentative Auswahl verdienter Wissenschaftler angeregt, von ihrem Leben in der Wissenschaft Bericht abzulegen. Die Form eines solchen Berichts wurde in jedem Fall dem Autor überlassen: Während der eine einen autobiographischen Ansatz wählt, könnte der andere eine zusammenhängende Reihe von Essays liefern, ein dritter trüge die Geschichte einer wissenschaftlichen Arbeitsgemeinschaft vor, deren Mitglied er war. Immer ist der Autor, ob Mann oder Frau, ein Wissenschaftler mit hervorragenden Leistungen auf seinem Gebiet. Das Wort «Wissenschaft» wird hierbei nicht eng ausgelegt – es schließt Disziplinen wie Wirtschaftswissenschaften und Anthropologie ebenso ein wie die Physik, die Chemie und die Biologie.

Zur Rolle der Sloan Foundation gehören die Organisation der Programmreihe sowie die zur Fertigstellung der Manuskripte notwendige finanzielle Unterstützung. Die Foundation möchte dem Beratungskomitee für die großartige und fortdauernde Mitwirkung am Programm ihre Anerkennung ausdrücken: dem Vorsitzenden, Dr. Robert Sinsheimer, Kanzler der University of California, Santa Cruz, und den Mitgliedern Dr. Howard H. Hiatt, Dekan der Harvard School of Public Health, Dr. Mark Kac, Professor für Mathematik an der Rockefeller University, Dr. Daniel McFadden, Professor für Wirtschaftswissenschaften am Massachusetts Institute of Technology, Robert K. Merton, Professor an der Columbia University, Dr. George A. Miller, Professor für experimentelle Psychologie an der Rockefeller University, Professor Philip Morrison am Massachusetts Institute of Technology, Dr. Frederick E. Terman, Vorstand em. der Stanford University, sowie den Mitarbeitern der Foundation, Arthur L. Singer jr. und Stephen White, und den Mitarbeitern des Verlags Harper & Row, Winthrop Knowlton und Simon Michael Bessie.

Albert Rees
Vorsitzender der Albert P. Sloan Foundation

Anmerkungen

[1] Siehe William Shakespeare, *Hamlet*, 1603, Akt 1, Szene 3; Philip Dormer Stanhope, 4. Earl of Chesterfield (1694–1773), *Letters to His Son*, 1774; William Cobbett (1763–1835), *Advice to Young Men and (incidentally) to Young Women*, 1829.

[2] Zitiert nach Harriet Zuckerman, *Scientific Elite*, Macmillan, London 1977.

[3] Siehe P. B. Medawar, *Lucky Jim*, in *The Hope of Progress*, Wildwood House, London 1974.

[4] Die große Welle des Universitätenbaus gestaltete die englischen City Colleges erst in den Jahren 1890 bis 1910 zu städtischen Universitäten um, doch in Amerika hatte sich die gigantisierende Epoche der universitären Entwicklung schon einhundert Jahre früher abgespielt.

[5] Die britischen D. Phil. bzw. Ph. D. lassen sich nicht ohne weiteres mit einem Doktorgrad nach deutschen Promotionsordnungen vergleichen. A. d. Ü.

[6] *The Art of the Soluble*, ein Werk des Autors, vgl. Anm. 23. A. d. Ü.

[7] Diese Fragen sind in den deutschsprachigen Ländern unterschiedlich durch Gesetz geregelt. A. d. Ü.

[8] Nichts verdeutlicht die der deutschen Chemie zugemessene Bedeutung klarer als die Tatsache, daß für angehende Chemiker das Erlernen des Deutschen lange Zeit obligatorisch war.

[9] Ich sprach einmal mit einem Humangenetiker, der erklärt hatte, der Intelligenzbegriff sei völlig bedeutungsleer. Also versuchte ich es, indem ich ihn *un*intelligent nannte. Er war verärgert, und es versöhnte ihn nicht, als ich zu fragen fortfuhr, wie er dazu kam, dem Begriff des Intelligenzmangels eine so klare Bedeutung beizumessen. Wir redeten niemals mehr miteinander.

[10] P. B. Medawar, *Unnatural Science*, in *New York Review of Books* 24, 1977/2, S. 13–18.

[11] L. J. Kamin, *The Science and Politics of IQ*, John Wiley & Sons, New York 1974, S. 16. Die Ansichten Goddards sind dem *Journal of Psycho-Asthenics* (sic) von 1913 entnommen.

[12] Der teleologische Gottesbeweis schließt aus der durchgehenden Regelhaftigkeit der Dinge auf eine zentrale ordnende Intelligenz. Dieser Gottesbeweis ist bei Kant (K. r. V. A 620/B 648) unter dem Begriff «physikotheologischer Gottesbeweis» behandelt. A. d. Ü.

[13] William Whewell, *The Philosophy of the Inductive Sciences*, 2. Aufl., London 1847, S. 37–42.

[14] Ronald Clarke, *The Life and Work of J. B. S. Haldane*, Hodder and Stoughton, London 1968, vgl. besonders S. 75–77.

[15] R. K. Merton, *Behavior Patterns of Scientists*, in *American Scientist* 57, 1969, S. 1–23. S. a. R. K. Merton, *Priorities in Scientific Discovery*, in *American Sociological Review* 22, 1957/12, S. 635–659; ders., *Singletons and Multiples in Scientific Discovery*, in *Proceedings of the American Philosophical Society* 105, 1961/10, S. 470–486; ders., *The Ambivalence of Scientists*, in *Bulletin of the Johns Hopkins Hospital* 112, 1963, S.77–97; ders., *Resistance to the Systematic Study of Multiple Discoveries in Science*, in *European Journal of Sociology* 4, 1963, S. 237–282; ders., *On the Shoulders of Giants*, The Free Press, New York 1965, Harcourt, Brace and World 1967; ders., *The Matthew Effect in Science*, in *Science* 159, 1968/5, S. 56–63.

[16] C. T. Onions (Hrsg.), *The Oxford Dictionary of English Etymology*, Clarendon Press, Oxford 1966.

[17] Thomas Sprat, *The History of the Royal Society of London for the Improving of Natural Knowledge*, 1667, S. 392.

[18] Ebd., S. 393.

[19] Ebd., S. 421.

[20] Richard Arkwright, 1732–1792, englischer Erfinder, ließ 1769 die Spinnereimaschine patentieren. A. d. Ü.

[21] Humphrey Davy, 1778–1829, englischer Chemiker und Physiker, isolierte mehrere chemische Elemente, wandte elektrochemische Methoden an und förderte die Theorie, wonach Wasserstoff das Charakteristikum für Säuren sei. A. d. Ü.

[22] Vgl. Anm. 17, S. 245.

[23] Siehe P. B. Medawar, *A Biological Retrospect*, in *The Art of the Soluble*, Barnes and Noble, New York 1967, besonders S. 99, die mit einer formellen Widerlegung des Gedankens beginnt, zukünftige Ideen könnten vorhergesagt werden; dt. *Die Kunst des Lösbaren*, Göttingen 1972.

[24] Im Original: Official Secrets Act. A. d. Ü.

[25] Die alljährliche Zusammenkunft der American Societies of Experimental Biology, die häufig in Atlantic City stattfindet, ist ein riesiges Treffen von Tausenden von Wissenschaftlern, wo avancierte Wissenschaftler nach Neulingen Ausschau halten können und wo die jungen wissenschaftliche Schutzherren zu gewinnen hoffen.

[26] Alexander Haddow, jahrelang Vorstand des größten britischen Krebsforschungsinstituts, des Chester Beatty.

[27] Nicht ganz! Mit Gewalt geht es: Sonntagsermäßigungszooeintrittskartenverkäuferswitwe. A. d. Ü.

[28] In Kap. 9 folge ich dem Klassifikationsschema, das ich in *Induction and Intuition in Scientific Thought*, American Philosophical Society, Philadelphia 1969, vorgeschlagen habe, und erläutere es genauer.

[29] Zitiert nach einer bewundernswerten Zitatensammlung rund um die Wissenschaften von Alan L. Mackay, *The Harvest of a Quiet Eye*, Institute of Physics, Bristol 1977.

[30] Karl R. Popper, *On the Sources of Knowledge and of Ignorance*, in *Conjectures and Refutations*, Basic Books, 1972.

[31] P. B. und J. S. Medawar, *The Life Science*, Harper & Row, New York 1977, S. 147.

[32] Die modernen Ultrazentrifugen laufen mit mehr als 60000 Umdrehungen in der Minute.

[33] Die Typenänderung der Pneumokokken ist eine Art Speziesumwandlung, die auftreten kann, wenn lebende Pneumokokken mit einer bestimmten Art von Kohlenhydratkapsel mit toten Pneumokokken vermischt werden, die Kapseln von anderem Typus besitzen. Manchmal geschieht es, daß lebende Organismen Eigenschaften von den toten annehmen. Siehe P. B. und J. S. Medawar, *The Life Science*, Harper & Row, New York 1977, S. 88.

[34] Siehe Charles Webster, *The Great Instauration: Science, Medicine and Reform 1626–1660*, Butterworth, London 1976.

[35] Eine Mannschaft (mit Isaac Newton als Kapitän) aus allen großen Wissenschaftlern aller Zeiten der Erde, die gegen eine ähnliche Mannschaft vom Mars oder des äußeren Weltraums aufgestellt

würde, könnte daher nur zu einem kleinen Teil aus Nobelpreisträgern bestehen.

36 Um wiederholte Quellenanerkennungen zu vermeiden, erwähne ich hier stellvertretend, daß die folgende Darstellung der wissenschaftlichen Vorgehensweise großenteils auf den Schriften von Karl Popper, Mitglied der Royal Society, beruht, besonders auf *The Logic of Scientific Discovery*, Hutchinson, 3. Aufl., London 1972, und *Conjectures and Refutations*, Routledge & Kegan Paul, London 1972.

37 R. V. Short, *Harvey's Conception*, in *Proceedings of the Physiological Society*, 1978/7. Siehe auch ders., in Zuckerman (Hrsg.), *The Ovary*, Academic Press, 2. Aufl., New York 1977, Bd. 1.

38 K. R. Popper und J. C. Eccles, *The Self and Its Brain*, Springer, Berlin 1978; dt. *Das Ich und sein Gehirn*, R. Piper & Co., München/Zürich 1982, Vorwort.

39 Thomas Kuhn, *The Structure of Scientific Revolutions*, University Press, Chicago 1962, 2. Aufl. 1970; dt. *Die Struktur wissenschaftlicher Revolutionen*, Suhrkamp, Frankfurt a. M. 1967, Taschenbuch 1973.

40 I. Latakos und A. Musgrave (Hrsg.), *Criticism and Growth of Knowledge*, Cambridge University Press, Cambridge 1970.

41 Siehe Anm. 34. Das Milton-Zitat entstammt seinem Brief über Erziehung an Samuel Hartlib, 1644, wiedergegeben in der Everyman Edition (Jedermannausgabe) der Prosawerke Miltons.

42 Bryan Magee, *Towards Two Thousand*, MacDonald, London 1965.

43 Gemeint ist die Royal Society. A. d. Ü.

44 Die Weltauflage von *Via Lucis*, 1668, war nicht hoch, als E. T. Campagnac die Übersetzung anfertigte, aus der ich zitiere: Jan Amos Comenius, *Via Lucis*, Liverpool University Press, London 1938.

Personenregister